Interior
Floor

ビニル系床材
不具合事例
ハンドブック

インテリアフロア工業会・技術委員会［編］

井上書院

Hand
Book

発刊にあたって

　床仕上材（張り床材）の一種であるビニル系床材は，素材を生かした着色加工技術や印刷技術，エンボス加工技術により，意匠として石材や木材などのような柄や色合いが自由に表現でき，また多種多様な機能も付与できる特性を有する仕上材である。こうしたことから，住宅をはじめ教育研究施設，医療福祉施設，オフィス，商業施設，生産施設の工場や倉庫，レジャー施設など，さまざまな建築物の床仕上げ用途に，屋内外を問わず広く採用されている代表的な建材といえる。

　一方，床仕上げ施工時の環境条件や施工後の使用環境・状態によって，ビニル系床材自体にさまざまな負荷がかかり，視覚的に明確な不具合現象が発生し，報告されているのも事実である。その現象自体も発生原因により多様なものとなっており，原因も単独ではなくいくつかの要因が複合的に関係し合い発生している例も報告され，原因の特定が難しい事例も多くなってきている。

　本書は，当会加盟企業の協力により，ビニル系床材に発生した多くの不具合事例を視覚別に集めたものである。不具合を繰り返さないためにも原因（要因）を把握し，その処置方法と発生を未然に防ぐための対策等について写真とイラストでわかりやすく解説した。

　ビニル系床材は施工して終わりではなく，施工後の使用環境も含め，長く使い続けられる床仕上材であるために，不具合現象の発生および再発を抑制することがたいへん重要である。

　ビニル系床材の使用に際し，発生する可能性があるさまざまな不具合現象について見識を深め，発生そのものを未然に防ぐツールとして，このハンドブックを有効に活用していただければ幸いである。

2021年6月　インテリアフロア工業会・技術委員会

CONTENTS

1 本書の特徴・使い方

1 構 成

本書は、建築現場における内装工事の床仕上げの中からビニル系床材を取り上げ、施工中、施工後に起きた75の不具合事例について、現象別に見開きで3事例ずつ収録した構成となっている。

1つの不具合事例ごとに、不具合事例写真（必要に応じて該当箇所を○や→で表示）→現象→原因→処置の順に解説し、不具合発生の原因を解明するとともに、不具合が生じた場合の対処法を示した。

不具合事例の最後には不具合の再発防止対策と仕上げのポイントを簡潔にまとめた。

2 見方・使い方

■ビニル系床仕上げの品質管理の意識向上に！

不具合の発生原因をよく理解し、施工段階で疑問に思ったら、その場で本書と照合してみることが大切である。本書を繰り返し利用することにより正しい品質管理を身につけよう。

①不具合事例・写真

②現象・原因・処置

③不具合の未然防止・再発防止対策

④床仕上げのポイント

3 仕上げのポイント

不具合の原因を把握し、同じようなトラブルを起こさないためにはビニル系床材特有の品質特性を理解し、施工段階での現場管理者との十分な事前打合せが重要である。

床仕上げの用途ごとに要求される品質を確保するために、仕上げのポイントをよく理解して、不具合の未然防止、再発防止に努めよう。

仕上げのポイント

☞ ○○○○○○○○○○○○○○○○○○○○○○○○○○○○○○○○
　○○○○○○○○○○○○○○○○○○○○○○○○○○○○○○○○
☞ ○○○○○○○○○○○○○○○○○○○○○○○○○○○○○○○○
☞ ○○○○○○○○○○○○○○○○○○○○○○○○○○○○○○○

「なるほど、ここに注意するのか！」

④ 付 録

付録には、ビニル系床材の施工に関する不具合防止に役立つ技術編と、本書の内容をさらに理解するためにまとめた用語編を収録した。

技術編には「下地水分の影響」、「接着に関する注意点」、「気温による製品への影響」、「低温時の施工」、「汚染のメカニズム」等について基本事項を解説するとともに、用語編では「ビニル系床材の種類関係」、「原材料関係」、「表面コーティング関係」、「機能性関係」、「下地の種類・状態関係」、「接着剤関係」、「維持管理関係」、「汚染関係」など分野別に用語をまとめた。

また、本書では随所にmemo欄を、巻末には方眼ページを設けてある。個々の現場で気がついたことや現地調査での内容を書き込むなどして自分専用のビニル系床材ハンドブックとして活用しよう。

注）建築関係法規、基準、規格等は2021年5月1日現在のもので、改正または変更されることがある。必ず諸官庁および関係機関が公表する情報で確認すること。

memo

2 部位別不具合事例一覧

● 起きやすい部位別不具合事例

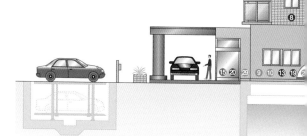

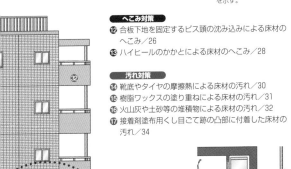

3 突き上げ対策

① 接着剤の強度不足による突き上げ

ケース01 気温の上昇によりタイルの突き上げが発生した!

現 象 竣工後1カ月のRC造事務所ビルの2階廊下で、タイル目地部分に突き上げが発生した。

原 因 接着剤の硬化が不十分な状態で気温が上昇したことにより、タイルの熱膨張が接着強度を上回り、突き上げが発生した。

処 置 突き上げが発生した箇所のタイルの張り替えにあたり、当該環境に適したアクリル樹脂系エマルション形の接着剤を塗布し、適切なオープンタイムを確保し施工した。

ケース02 裏面からの吸水によりタイルの突き上げが発生した!

現 象 竣工後2年のS造商業施設の1階店舗において、タイル目地部分に突き上げが発生した。

原 因 床下地からの湿気上昇により、接着剤の強度低下とタイルの吸水膨張が起こり、その結果、タイルの膨張力が接着強度を上回ったために、タイルの突き上げが発生した。

処 置 突き上げが発生した床材の張り替えにあたり、下地を十分に乾燥させた後、下地水分による接着力の低下が少ないエポキシ樹脂系の接着剤を用いて施工を行った。

現 象　竣工検査時のRC造医療施設の1階待合室において、タイル目地部分に突き上げが発生した。

原 因　タイル張りに使用した接着剤は、比較的湿気にも強い変成シリコーン系のものであったが、オープンタイムを十分に確保できていなかったことで突き上げが発生した。

処 置　変成シリコーン系の接着剤は、初期粘着力が比較的弱いため、オープンタイムを十分にとり、粘着力が発現してからタイルの張り替えを行った。

対 策　**ケース01**

　　①接着剤が硬化するまでは温度を一定に保つ。特に、冬期施工の場合には暖房等に留意する。

　　②適切なオープンタイムを確保して施工する。

　　オープンタイム⇨80ページ

　　接着に関する注意点⇨61ページ

　　ケース02

　　①施工前に下地の水分量を確認する。

　　②下地湿気(水分量)に見合った接着剤を使用する。

　　下地水分の影響⇨60ページ

　　接着に関する注意点⇨61ページ

　　ケース03

　　適切なオープンタイムを確保して施工する。

　　オープンタイム⇨80ページ

仕上げのポイント

☞ ビニル系床タイルは温度および湿度の影響を受けやすいため、施工前に気温、下地水分などの施工環境をよく確認する。

☞ オープンタイムは、接着剤の種類や製造所により異なる。

☞ 下地水分により接着剤が劣化し、吸水によりタイルの膨張力が接着強度を上回ると、突き上げが発生する。

突き上げ対策

② 床材の寸法・形状の変化による突き上げ

ケース04 床暖房使用によりタイルの突き上げが起きた!

現　象　竣工後1年のRC造老人福祉施設の1階多目的室で、タイル目地部分に突き上げが発生した。

原　因　床暖房を使用した際、タイルが熱膨張を起こし、接着強度を上回ったことでタイルの突き上げが発生した。

処　置　床暖房下地に対する適切な工法により、突き上げが発生した箇所のタイルを張り替えた。

ケース05 材料の保管方法の不具合によりタイルに突き上げが発生した!

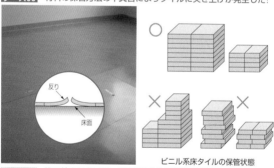

ビニル系床タイルの保管状態

現　象　竣工検査において、RC造集合住宅1階管理人室でタイル目地部分に突き上げが発生しているのがわかった。

原　因　原因を調査したところ、ビニル系床タイルの保管方法に問題があり、一部材料が変形して反っていることがわかった。変形した材料を無理やり施工したために反りが抑えられなかった。

処　置　不具合箇所の目地全体に反りが確認されたため、不具合箇所の張り替えだけでなく、広範囲にわたりタイルの張り替えを行うこととした。

ケース06 掃出し窓下枠との取合い部にシートの突き上げが発生した!

現 象 竣工後1年のRC造老人福祉施設で、3階居室の掃出し窓の下枠との取合い部分にシートの突き上げ(伸び)が起きた。

原 因 不具合箇所を剥がしてみたところ、床材が床の寸法より少し長いことがわかった。施工時において無理やり納めたことによって、反発力により突き上げが発生したものと考えられる。

処 置 不具合箇所のシートを適正寸法に裁断し、オープンタイムを十分にとり施工した。

対 策 ケース04
①施工時の温度はできるだけ一定に保つ(床材製造所の仕様を確認し、施工要領に従う)。
②施工直後の急激な温度変化には注意する。
気温による製品への影響⇒63ページ
床暖房下地への施工⇒65ページ

ケース05
①施工前に床材の適切な保管および養生を行う。
②変形が生じた床材の使用は避ける。
気温による製品への影響⇒63ページ

ケース06
床材の裁断は、壁際などの取合いを十分確認して行い、無理やり納めることはしない。

仕上げのポイント

☞ 床暖房の使用時には、床材が熱膨張を起こし、床材の伸びが接着強度を上回ることで突き上げが発生することがあるので注意する。
☞ 床材は、梱包された状態であっても保管方法によっては変形が生じるおそれがあるため、きちんとした保管方法を心がけること。

4 すき間対策

① 接着強度の低下で発生するすき間

ケース07 接着強度の低下によりすき間が発生した!

現　象　竣工後6年のRC造事務所ビルの1階倉庫で、壁際や床材の継ぎ目にすき間が発生した。

原　因　竣工から6年という時間の経過にともなう床材の収縮と、下地の湿気の影響を受けやすい場所であったため、コンクリート下地の湿気（水分）上昇により接着剤の強度が低下し、寸法収縮を抑制できなかった。

処　置　すき間が発生した箇所の張り替えにあたり、下地を十分に乾燥させた後、接着剤はエポキシ樹脂系を使用した。

ケース08 長尺シートの継ぎ目部分にすき間が発生した(1)!

現　象　竣工後6年のRC造商業施設の1階生鮮食料品売場で、長尺シートの継ぎ目部分にすき間が発生した。

原　因　不具合が発生した場所は生鮮食料品売場ということもあり、常に結露が発生しやすい状況にあり、接着強度の低下を引き起こし、寸法収縮を抑制できなかった。継ぎ目の溶接強度を上回ったことも原因と考えられる。

処　置　床材の張り替えに際し、耐水性のあるエポキシ樹脂系接着剤を使用し、床材製造所の指示に従い継ぎ目処理を行った。

ケース09 長尺シートの継ぎ目部分にすき間が発生した(2)!

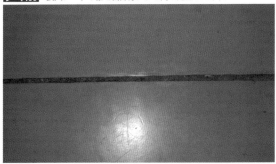

現 象 竣工後3年のSRC造物流倉庫の2階事務所で、長尺シートの継ぎ目部分にすき間が発生した。

原 因 デッキプレート下地で1階天井部分が開放状態となっており、床面の温度変化が年間を通して大きく、シートの寸法収縮を抑制できなかった。長尺シートの継ぎ目溶接が空(す)かし目地で行われていたため、十分な溶接強度が得られていなかった。

処 置 不具合箇所を撤去し、ウレタン樹脂系接着剤を用いて張り替えた。継ぎ目処理はシートを突き付け、溝切りを行い熱溶接した。

対 策 ケース07
施工環境に適した接着剤を選定する。
接着に関する注意点⇒61ページ
ケース08
床材製造所が示す手順に従い継ぎ目処理を行う。
継ぎ目処理の種類⇒66ページ

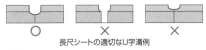

長尺シートの適切なU字溝例

ケース09
床面の温度差が大きくなるような下地では、接着強度の大きい接着剤を使用する。

仕上げのポイント

☞ 経年による収縮を抑制するため、施工および使用環境に合わせた適切な接着剤を選定することが大切である。
☞ 継ぎ目処理は、床材製造所が示す手順に従って行うこと。
☞ 継ぎ目処理は、床材をしっかりと突き付け、U字溝状に適切な深さで施工する。

5 膨れ・剥がれ・浮き対策

① 下地の伸縮による膨れ

ケース10 合板下地の継ぎ目部の挙動により床材に膨れが発生した！

現象 床改修後6カ月のRC造集合住宅で、合板下地の継ぎ目部と一致する箇所に膨れが発生した。

原因 合板継ぎ目部のたわみにより段差が生じ、また、合板の伸縮によって膨れが発生した。

処置 既存床を撤去し、たわみにより段差が生じている箇所は研磨し、継ぎ目部のすき間は樹脂パテにより充填処理を行い平滑に仕上げた。また、継ぎ目付近のくぎ、ビス留め間隔を小さくし、床材を張り替えた。

ケース11 乾式二重床の合板下地の固定不足で床材に膨れが発生した！

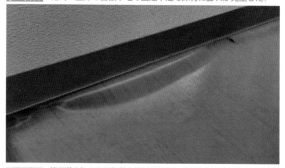

現象 竣工後1年のRC造老人福祉施設で、2階居室の床材に膨れが発生した。

原因 捨て張り合板の固定が適切でなく、乾式遮音二重床の沈み込みが繰り返されることにより合板の継ぎ目が動き、壁際で長尺シートの膨れが発生した。

処置 膨れ箇所の既存床を撤去し、捨て張り合板をくぎまたはビスなどでしっかりと固定した。継ぎ目部の段差は研磨により平滑に仕上げ、すき間が生じている箇所は、樹脂パテで充填を行った。

現　象　竣工後2年のRC造公共施設で、1階ホールの床タイルに膨れが発生した。

原　因　下地に発生したクラックの動きに床材が追従し、繰り返しの伸縮により床材が伸びて膨れとなった。

処　置　膨れ箇所の既存床を撤去し、ひび割れ自体の挙動の有無、ひび割れの幅に応じて最適な工法を選択し、下地調整（ひび割れの処理）を行った。床材の再施工では、下地の動きを緩衝可能な水性系接着剤を選択し、下地と床材の強固な一体化を避けた。

対　策　ケース10、11

①施工前に下地状態を確認する。

②木質下地継ぎ目は、適切に処理されているか確認すること。

③継手部のくぎ間隔は、150mm程度となるよう打ち込み、すき間が生じている場合は、樹脂系のパテで充填し平滑に仕上げる。

④強固な接着剤で一体化するほど現象の発現が顕著となるので、下地の動きと床材の動きをある程度緩衝できる水性系接着剤を使用する。

ケース12

ひび割れ補修は専門工事業者に依頼し、ひび割れの挙動の有無を確認のうえ、ひび割れの幅に応じた工法を選択する。

仕上げのポイント

☞ 床面のたわみ、単振動による下地の障害はないか、下地としての剛性は十分であるか確認すること。

☞ 下地は、不陸、目違い、接合部における突起や凹凸がなく、平らに施工されているか確認すること。

☞ 木質下地の場合、くぎ頭は、合板面より沈め気味に打ち込まれているか確認すること。

膨れ・剥がれ・浮き対策

② 重量物の移動等による床材の膨れ

ケース13 什器の移動により床材に膨れが発生した!

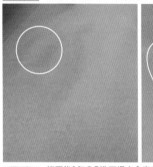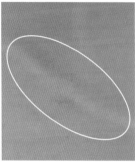

現　象　竣工後1年のS造工場内倉庫で、通路の床に局部的な什器移動により膨れが発生した。

原　因　椅子のキャスターや重い台車がよく通る場所で、局部的に大きな荷重がかかり、接着強度の弱い箇所の床材が伸びて膨れが発生した。

処　置　耐荷重性のある床材を選定し、エポキシ系やウレタン系などの接着剤を使用して床材を張り替えた。什器のキャスターを軟らかいもの、接地面積が大きいものに取り替えるよう依頼した。

ケース14 重量物の引きずりにより床材に膨れが発生した!

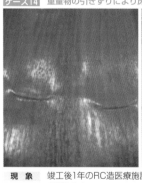

現　象　竣工後1年のRC造医療施設で、3階にある手術室の床材に膨れが発生した。

原　因　重量物の引きずりやキャスターのストッパーを留めたまま動かしたため、床材が伸びて膨れが発生した。

処　置　耐荷重性のある床材を選定し、エポキシ系やウレタン系などの接着剤を使用して床材を張り替えた。また、重量物の移動では、キャスターのストッパーがはずれていることを確認してから動かすよう説明した。

ケース15 静止荷重により床材にへこみと膨れが発生した!

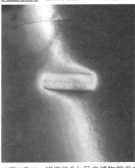

現 象	竣工後2カ月の博物館の倉庫で、キャスターの接触部が沈み込み、周りが持ち上がるように膨れが発生した。
原 因	静止荷重量が大きく、長期間にわたって静置されたため、床材が少しずつ沈み込み、かかった圧によりキャスター周りが膨れた。
処 置	荷重を除荷し、へこみ箇所の回復を待った後、加温しながらハンドローラーなどで持ち上がっている部分を圧着した。また、厚めの当て板をキャスターの下に入れ、接地荷重を分散させた。

対 策 ケース13、14、15
①用途に適した床材を選定する(耐動荷重性を有するもの)。
②キャスターの径や材質を大きいもの、軟らかいものに変える。
③床材製造所指定の工法を選択する。
④床施工直後の重量物の移動は避け、養生期間を十分確保し、接着剤の硬化を見計らってから行う。
⑤重量物の移動および静置は、荷重を分散させるよう当て板を使用する。
耐動荷重性⇒76ページ

仕上げのポイント

☞ 想定される重量物の重さ、接地荷重を事前に把握する。
☞ 重量物の移動および静置時には、荷重を分散させるために当て板等を使用する。
☞ 耐動荷重用の工法を選択する。

膨れ・剥がれ・浮き対策

③ 結露水の発生による床材の膨れ

ケース16 結露水により床材に膨れが発生した！

現　象　竣工後1年のRC造教育施設で、手洗い場近くの通路の床材に膨れが発生した。

原　因　水道配管からの結露水または漏水が下地を通して上昇し、下地と床材間で結露水が生じ、局部的な水圧により膨れが生じた。

処　置　水分の供給元を確かめ、脱気箇所を設け、水分を逃がすなど下地に水が残らないようにした。耐水形接着剤を使用して膨れが発生した部分を張り替えた。ニードルパンチカーペットに張り替えることも効果的である。

ケース17 防湿層の破損、欠落により床材に膨れが発生した！

現　象　竣工後8カ月のRC造商業施設で、1階食料品売場の土間床に施工した長尺シートに、水泡状の膨れが発生した。

原　因　防湿層の破損あるいは欠落により下地の湿気が上昇し、下地と床材間で結露水が生じ、局部的な水圧により膨れが生じた。

処　置　脱気箇所を設け、湿気を逃がすようにした。多孔質のコンポジションビニル床タイルに張り替えた。湿気の上昇を止められない場合は、膨れの再発や目地部の汚れ（エフロレッセンス等）が発生する場合がある。

現 象 竣工後1年のRC造スポーツ施設で、1階屋内プールのピット回りに施工された防滑シートに膨れが発生した。

原 因 ピットを通して排水(水分)が下地側に回り、結露水となって局部的な水圧により膨れが生じた。

処 置 ピット内の防水処理を行い、排水による水分が下地側に回らないようにした。床材の再施工に際しては、下地の乾燥を行い、耐水形接着剤を使用した。

対 策 ケース16、17
水場回りや湿気の影響を受けやすい下地・土間床では、漏水の有無および下地の乾燥状態を確認する。
ケース16、17、18
湿気のおそれのある下地では、耐水形接着剤(エポキシ系またはウレタン系)を使用して施工を行う。
接着に関する注意点
⇒61ページ

✋ ピット内の防水処理状態を確認する。

塗膜の劣化、剥離状況

仕上げのポイント

☞ 土間床や養生期間が短いコンクリート床、軽量コンクリート、デッキプレート下地は、下地中に水分が残っていることが多く、湿気の上昇が起こりやすい。高周波式水分計で含水状態を確認する。

☞ 水場回りや湿気の影響を受けやすい下地は、下地の乾燥状態を確認し、耐水形接着剤(エポキシ系またはウレタン系)で施工を行う。

☞ ピット内など、床施工を行わない部分についても防水処理が適切に行われているか確認する。

膨れ・剥がれ・浮き対策

④ 下地劣化に起因する膨れ

ケース19 塗膜防水層の浮きにより床材に膨れが発生した!

現　象	床改修後1年のRC造保育園で、1階外廊下の塗膜防水下地に施工した床材に膨れが発生した。
原　因	塗膜防水層を調査した結果、塗膜防水層自体が下地から浮いていた。
処　置	塗膜防水層を撤去し、下地に水が回らないよう補修し、床材を張り替えた。

ケース20 下地コンクリート中の骨材膨張により床材に膨れが発生した!

現　象	竣工後2年のRC造公共施設で、1階ホールの床材表面に突起状の膨れが発生した。
原　因	コンクリート中の骨材がアルカリ骨材反応などにより膨張し、突起となって盛り上がり、床材表面に膨れとなって現れた。
処　置	既存床を撤去し、膨張した骨材を取り除き(下地研磨、電気掃除機による吸引など)、ポリマーセメントモルタルなどで下地処理を行い、床材を再施工した。

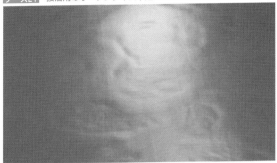

現　象　床改修直後のRC造教育施設で、3階音楽室の床材に雲状の膨れが発生した。

原　因　塗り床仕上げをビニル床シート仕上げに改修した現場で、下地が非吸水性であったため、接着剤中の溶媒（水または溶剤）揮発が損なわれ、圧着作業にともない接着剤の寄りが生じた。

処　置　非吸水性下地であることから通常よりも接着剤のオープンタイムを長めにとり、再施工を行った。その際、くし目ごてのくし山を調整し、指触により乾燥度合いを確認のうえ張り付けた。

対　策　ケース19
施工前に下地の状態（浮きの有無など）を確認する。
ケース20
アルカリ骨材反応は、反応性シリカを含む骨材とセメントなどに含まれるアルカリ金属イオンが反応（アルカリシリカ反応）し、反応生成物が膨張することにより、コンクリートにひび割れ、剥落などが生じる現象である。こうした現象は予測が難しい。
ケース21
金属下地や既存床への重ね張りなど、下地が非吸水性となる場合は接着剤のオープンタイムを長くとる必要があるため、反応硬化形の接着剤を使用する。
接着に関する注意点⇒61ページ

仕上げのポイント

☞ 下地に浮きがないかパールハンマーによる打診調査を行う。

☞ 表面が緻密なコンクリート下地、重ね張り下地、金属下地など吸水性が得られ難い下地に施工を行う場合は、反応硬化形の接着剤を第一に選択する。

☞ 接着剤塗布後のオープンタイムは、指触等により皮膜の乾燥状態を確認しながら張り付け作業を行う。

膨れ・剥がれ・浮き対策

⑤ 剥がれ・浮き

ケース22 床材の目地部の表層が剥がれた!

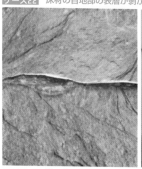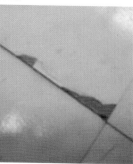

現　象　竣工後2年のRC造商業施設で、1階店舗の床材の継ぎ目で剥がれが発生しているのが確認された。

原　因　重量物を無理に引きずり、継ぎ目部がめくれ上がった。タイルの目地部に段差があり、頻繁な什器移動や歩行量の多さにより表層が剥離した。

処　置　目地部の段差となる下地の不陸を、研磨等により平滑に処理したうえで、タイルを張り替えることとした。

ケース23 OAフロアに施工した床材が湿気により浮きが生じた!

現　象　竣工後1年のRC造事務所ビルで、3階執務室の床材に浮きが発生した。

原　因　コンクリート下地からの湿気でタイル裏面が結露し、その結露水によって、ピールアップ形接着剤の粘着力が低下し床材が浮いた。

処　置　下地を十分に乾燥させた後、湿気の抜け道をつくり、再度ピールアップ形接着剤を塗布して床材を張り替えた。

現象	竣工後1年のRC造事務所ビルで、1階執務室の床材にキャスター付きチェアの頻繁な動きにより浮きが発生した。
原因	ピールアップ形接着剤の塗布量が適切でなく床材が浮いた。OAフロアの凹凸が激しいか、または開口率が大きいため、接着面積が小さくなり、固定力が弱まっていた。
処置	適切な量のピールアップ形接着剤を追加塗布して床材を再施工した。床材のくせが戻らない箇所は、新しい床材に張り替えた。

対策	ケース22 重物は無理に引きずらないよう、持ち上げるなど取扱いに注意する。 ピールアップ形接着剤⇒79ページ ケース23 施工前に下地の乾燥状態を確認する。 下地水分の影響⇒60ページ ケース24 ①OAフロアの敷設状態を確認する。 ②接着剤製造所が指定する(標準)塗布量のピールアップ接着剤を塗布する。 ピールアップ形接着剤⇒79ページ

仕上げのポイント

☞ 施工前に下地の状態を確認し、不備があれば補修する。
☞ OAフロアの種類により、ピールアップ形接着剤を塗布する面積および量を調節すること。

25

6 へこみ対策

① 荷重によるへこみ（1）

ケース25 合板下地を固定するビス頭の沈み込みにより床材がへこんだ！

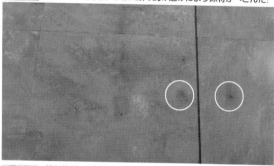

現　象　竣工後2年の木造住宅で、1階洗面脱衣室の床材の一部が下地へなじみ、へこんでいた。

原　因　合板下地を留めるビスのビス頭が沈み込んでいたため、床材がへこんだ。

処　置　合板の沈み込んだビス頭部分を樹脂系パテなどで平滑にし、床材を張り替えた。

ケース26 什器の静止荷重により床材がへこんだ！

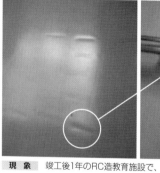 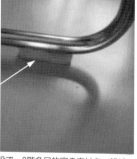

現　象　竣工後1年のRC造教育施設で、2階多目的室の床材の一部がへこんでいた。

原　因　椅子、机、家具等の什器による長期間の静止荷重によって床材がへこんだ。

処　置　什器下部に当て板等を敷いて接地面積を大きくした。移動式家具は幅広のキャスターに変更した。

<u>**ケース27**</u> 荷重により接着剤が押し出されて床材にへこみが発生した！

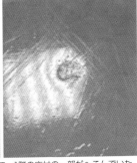

現 象 施工直後のS造店舗ビルで、1階の床材の一部がへこんでいた。
原 因 接着剤が荷重により横に押し出され、床材表面にへこみとなって現れた。

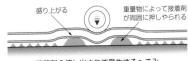

接着剤の押し出されで発生するへこみ

処 置 反応型の接着剤を使用して張り替えた。また、施工後は十分な養生期間をとり、施工直後に什器の静置を避けるようにした。

対 策 **ケース25**
合板下地への施工時には、ビス頭が合板に沈み込みすぎていないか確認する。
ケース26
①局所荷重がかかる場合には、当て板などで圧力を分散させる。
②材質の比較的硬い床材（ビニル系床タイル等）を選択する。
ケース27
①圧着作業を十分行い、さらに養生期間をとる。
②接着剤が硬化するまでに、やむを得ず局所荷重がかかる場合には、当て板などで圧力を分散させる。

仕上げのポイント

☞ 施工前に下地の状態を確認し、不備があれば補修する。
☞ 施工後に十分な養生期間をとる。
☞ 使用用途に適した床材を選択する。
☞ 養生期間中は、局所的に荷重がかかるものは置かないようにする。

へこみ対策

② 荷重によるへこみ（2）

ケース28 ハイヒールのかかとにより床材にへこみが生じた！

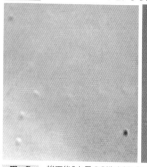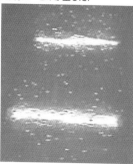

現　象 竣工後6カ月のS造店舗ビルで、陳列棚の前やレジ前の床材に無数の小さなへこみが見られた。

原　因 ハイヒールのかかとにより床材がへこんだことがわかった。ヒールの先端が摩耗し、むき出しとなった金属ピンにより床材がへこんだものと思われる。

処　置 比較的へこみ跡が目立ちにくい柄の床材を選定し、床材を張り替えた。ただし、このような事例は再発の可能性がある。

ケース29 長期間の歩行でOAフロアに施工した床材にへこみが生じた！

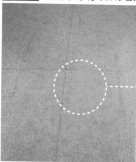

現　象 改修後3カ月のRC造事務所ビルで、4階執務室の床にへこみ跡ができた。

原　因 床下配線をし直した際、取り外したOAパネルの部材をはめ忘れたため（写真右）、什器移動などによりへこみができた。

処　置 配線コードなどを通していない開口部をふさいだうえで、床材を再施工した。

ケース30 重量物の往来により床材に凹凸やわだち跡ができた!

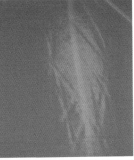

現象 竣工後1年のS造工場で、重量台車の往来がある床のところどころにへこみが見られた。

原因 下地のへこみによるものと考えられる。パーライト、蛭石等を細骨材にしたモルタル、ALC板等の下地が、床材の上から部分的に集中荷重を受けて下地が砕けて粉化し、床材がへこんだ。

処置 床材を剥がして脆弱な下地を撤去した後、セメントモルタルを打ち込んで床材を再施工した。さらに、適切な養生期間をとった。

対策
ケース28
ハイヒールのかかと跡がつきやすい箇所には、へこみ跡が目立ちにくい色や材質の床材を選定する。

ケース29
①OAフロアの敷設状態を確認する。
②床下配線のためのOAフロアの部材をはずした場合には、きちんと元に戻す。

ケース30
施工前に下地の状態(強度)を確認する。

仕上げのポイント

☞ 使用した下地材料を確認する。
☞ 下地の強度が十分か確認する。
☞ 重量台車の往来の有無など、使用条件を確認する。
☞ 床材の施工前に、OAフロアの敷設状態を確認し、不備があれば補修を行う。

7 汚れ対策

① 床材表面に付着した汚れ

ケース31 靴底の摩擦により床材に汚れが付着した！

現　象	竣工後1年のS造商業施設で、1階店舗の通路の床材が汚れているのがわかった。
原　因	床材表面の樹脂ワックスと人の往来による靴底により摩擦熱が発生し、樹脂ワックスが白化したことが汚れとなって見えた。
処　置	白化している箇所の剥離洗浄を行い、耐久性の高い樹脂ワックスを再塗布することとした。

ケース32 タイヤゴムの摩擦により床材に汚れが付着した！

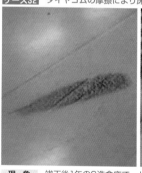

現　象	竣工後1年のS造倉庫で、ところどころフォークリフトのタイヤ痕の汚れが付いているのがわかった。
原　因	急発進や急ブレーキ時に起きる摩擦熱により、タイヤのゴムが軟化し床材表面に付着した。
処　置	樹脂ワックス塗布の必要な床材には、耐久性の高い樹脂ワックスを再塗布した。部分的な汚れの場合には、局所専用清掃具や乾布を利用して擦り落とせるか試してみる。

ケース33 樹脂ワックスの塗り重ねにより床材に汚れが発生した!

現 象 竣工後2年のRC造商業施設で、3階店舗の床材が汚れているのがわかった。汚れている箇所の拭き取りを何度も試みたがほとんど落ちなかった。

原 因 十分な洗浄を行わずに樹脂ワックスを塗り重ね、樹脂ワックスが汚れ（残渣(さ)）を抱き込んだ状態で造膜したため、洗浄しても汚れが落ちなくなった。

処 置 汚染箇所について剥離洗浄を行い、樹脂ワックスを完全に除去したうえで再塗布した。

対 策 ケース31、32

　①定期的にメンテナンスを実施する。
　②樹脂ワックス塗布の必要な床材では、床材と樹脂ワックスの密着性、防汚性能等を確認し、最適な樹脂ワックスを選定する。
　汚染のメカニズム⇨69ページ
　付着汚染⇨70ページ
　ケース33
　①定期的にメンテナンスを実施する。
　②表面洗浄や剥離洗浄を行う場合は、汚れや古い樹脂ワックスは推積汚れの原因となるためきれいに取り除く。
　③洗浄成分の残りがないよう、しっかり水拭きを行う。

仕上げのポイント

☞ 樹脂ワックスは、用途に適したものを選定する。
☞ 古い樹脂ワックスはしっかりと洗浄する。
☞ フロアーメンテナンスについては、日本フロアーポリッシュ工業会発行『フロアーポリッシュと洗剤の正しい使い方』を参照のこと。

汚れ対策

② 付着物・堆積物による汚れ

ケース34 靴底の付着物により床材に汚れが付着した！

現 象	竣工後2年のRC造事務所ビルで、7階会議室の床材に汚れが発生した。
原 因	外部より持ち込んだ油汚れなどが、歩行頻度の高い床や椅子周辺の床にこびり付き広がった。
処 置	付着した汚れは樹脂ワックスの剥離洗浄により除去し、樹脂ワックスを再塗布した。建物の入口に防塵・除塵マットを敷いて靴底に付いた汚れを落とし、屋内へ汚れを持ち込まないよう処置した。

ケース35 火山灰により集合住宅の共用廊下の床材に汚れが発生した！

現 象	竣工後7年のRC造集合住宅で、外廊下の床材に汚れが発生した。
原 因	近くに活火山があり、噴火した際の火山灰が降り積もったままの状態であったため、床材に火山灰が付着し汚れが発生した。
処 置	火山灰はとがった結晶質の構造をしており、拭き取ると床材表面に擦り傷がつく可能性があるため、高圧洗浄などで洗い流した。

現　象	竣工後5年のRC造集合住宅で、1階エントランスの外部の床材に汚れが付着していた。
原　因	土砂が堆積したままの状態が続いたため、床材に土砂の付着汚れが発生した。
処　置	床材の凹凸部に土砂が入り込んでいたため、ほうきで除去し、そのうえで高圧洗浄やポリッシャーにより汚れを洗い流した。

対　策　ケース34
①汚染・変色の原因となる物質を床材に長期間接触させると、汚れが除去できなくなるので注意する。
②防塵・除塵マットを設置し、靴底に付着した汚れを室内に持ち込ませない。
汚染のメカニズム⇒69ページ
付着汚染⇒70ページ
ケース35、36
土砂などの堆積物はすぐに除去する。
付着汚染⇒70ページ

除塵マットの設置例

仕上げのポイント

☞ 雨水、土砂、塵埃を室内に持ち込ませないためにも、防塵・除塵マット設置の必要性を建物利用者に説明する。
☞ 定期的にメンテナンスを行い、良い清掃状態を保つようにする。

33

汚れ対策

③ 床材の施工の不具合、その他による汚れ

ケース37 接着剤のくし目跡の凸部に汚れが付着した!

現 象	竣工後1年のRC造商業施設で、1階フードコートの歩行頻度の高い通路の床にしま状の汚れが発生した。
原 因	くし目間隔の広いくし目ごてを使用して床材を施工した際に、圧着が不足していたため、床材表面に接着剤のくし目跡に沿った凹凸が現れ、凸部分に汚れが付着した。
処 置	接着剤製造所が指定する適正なくし目ごてを使用して接着剤を塗布し、適切なオープンタイムをとったうえで十分な圧着を行い、床材を再施工した。

ケース38 エフロレッセンスにより目地に汚れが発生した!

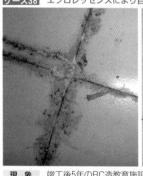 

現 象	竣工後5年のRC造教育施設で、床材の目地に結晶物が付着していた。
原 因	湿気の多いモルタル、コンクリート中の水酸化カルシウムが乾燥し、目地部にカルシウムの結晶ができた。
処 置	エフロレッセンスが収まるまでは、定期的にメンテナンスを行う。

スリッパやくつ下に付着した油脂や皮脂で汚れが発生した！

現 象 竣工後6年のRC造老人福祉施設で、2階居室のトイレと洗面所の床に汚れが発生した。

原 因 スリッパやくつ下の裏面に付着した油脂や皮脂が、歩行頻度の高い場所や足裏との接触が多い場所の床材に、汚染物質が接触し汚れが発生した。

処 置 床材表面の汚れを洗浄した。必要な場合は、樹脂ワックスを塗布する。

対 策 ケース37
適正なくし目ごてを使用し、適切なオープンタイムをとって施工する。また、十分な圧着を行う。
オープンタイム⇒80ページ
ケース38
①下地湿気（水分量）に見合った接着剤を使用する。
②脱気箇所を設け、湿気を逃がすようにする。
接着に関する注意点⇒61ページ
ケース39
①汚染原因となる物質を長期間接触させない。
②汚染が早期の場合は洗浄で済むが、長期間放置すると汚染部分を除去することが不可能となる。
汚染のメカニズム⇒69ページ

仕上げのポイント

☞ 接着剤製造所が指定する適正なくし目ごてを使用して接着剤を塗布し、適切なオープンタイムをとったうえで、十分に圧着する。
☞ 高周波容量式水分計を用いて下地水分を確認し、湿気のおそれのある場合には、耐水形接着剤で施工する。
☞ 汚染の原因となる物質と床材の接触を避ける。

8 変色・退色・白化対策

① 床材の変色・退色（1）

ケース40 紫外線により床材が変色した!

現　象　竣工後5年のRC造集合住宅で、ベランダの床材が変色した。

原　因　紫外線により床材が耐候劣化（焼け）して変色した。紫外線量が多い地域では、耐候性のある床材でも耐候劣化することがある。水溜まりや酸・アルカリ・塩水などがあるとさらに劣化が促進される。

処　置　耐候劣化（焼け）した箇所の床材は張り替えることとした（ただし、紫外線量の多い地域、海辺、屋上などは、使用条件が過酷なため耐用年数が短くなる）。

ケース41 キャスターのゴムにより床材が変色した!

現　象　竣工後3年のRC造医療施設で、キャスター付きワゴンを使用している箇所の床材が黄色や茶色に変色した。

原　因　ワゴンの脚に使用されているキャスターがゴムだったため、その含有成分（プロセスオイル、老化防止剤等）が床材表面に付着・浸透したため変色した。

処　置　床材に汚染物質が接触しないよう、当て板等を挟むとともに、非汚染性ゴムまたはウレタンなど、ゴム以外の材質の緩衝材やキャスターに変更した（汚染した場合は床材を張り替える）。

ケース42 粘着テープにより床材が変色した!

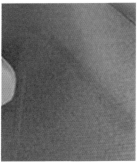

現 象 竣工後1年のRC造医療施設で、待合室の床材に粘着テープを貼っていた箇所が変色しているのがわかった。

原 因 床材を養生するときに使用した粘着テープ（ガムテープ、布テープ等）によって汚染され変色した。

処 置 ゴム系粘着剤や一部樹脂系のテープなどには、床材を汚染させる成分が入っている可能性があるため、汚染させないことが確認されているテープを使用する必要がある。汚染し変色した部分は除去できないため、床材を張り替えることとした。

対 策 **ケース40**
①用途に適した床材を選定する。
②汚染・変色の原因となる物質を床材に長期間接触させると、汚れが除去できなくなるので注意する。
③水溜まりなどの堆積を防止する。

ケース41
①床材に接触するゴム製品が非汚染性のものであるか確認する。
②ゴム以外の材質のものを使用する。
着色汚染⇨71ページ

ケース42
①ゴム系粘着テープの使用は避ける。
②養生用テープには、ゴム系粘着剤や一部樹脂系テープなど、床材を汚染させる成分が入っている可能性があるため、非汚染性のテープを使用する。

仕上げのポイント

☞ 汚染の原因となる物質との接触を避ける。
☞ 床材の変色を防ぐために、ベランダや外廊下など、外部に位置する場所では水はけを良くするとともに、定期的なメンテナンスを実施すること。

37

変色・退色・白化対策

② 床材の変色・退色（2）

ケース43 染料含有物質により床材が着色した！

現　象	竣工後7年のRC造事務所ビルで、1階廊下の床材が汚染物質に接触し着色した。
原　因	染料を含む物質（インキ、薬品、毛染め剤、チョークリールの粉等）が床材表面に接触し、成分が付着・浸透することによって汚染された。
処　置	床材が着色した箇所の表面洗浄を行い、着色物の除去を行った。除去できない部分の床材は張り替えた。

ケース44 靴底のゴムにより床材が変色した！

現　象	竣工後2年のRC造事務所ビルで、1階トイレと洗面所の床が黄変していた。
原　因	靴底の材質がゴムだったため、その成分の移行が徐々に起こり床材が変色した。
処　置	変色した床材は洗浄では除去できなかったため、張り替えを行った。さらに、靴底のゴム成分が床材に浸透しないよう、樹脂ワックスを塗布した。

ケース45 塩化ビニル配管用接着剤の着色成分により床材が変色した！

現 象 竣工後6カ月のRC造商業施設で、1階トイレの床材が青色に変色した。

原 因 青色に着色された硬質塩化ビニル配管用接着剤が下地に付着していたため、接着剤中の着色成分が床材表層まで移行・浸透し、変色として現れた。

処 置 下地表層に残っていた（付着していた）汚染物質を研磨除去し、下地補修後にエポキシ樹脂系接着剤を使用して床材を張り替えた。

対 策 ケース43
汚染・変色の原因となる物質を長期間床材に接触させると、汚れが除去できなくなるので注意する。

ケース44
①防汚性の高い用床材など、適切な床材を選定する。
②あらかじめ濃色の床材を使用し、変色・退色を目立たなくさせる。
③メンテナンスを短期間に繰り返し行い、靴底などのゴム成分が床材に浸透しないようにする。

ケース45
①汚染物質の有無など下地の状態を確認する。
②汚染・変色の原因となる物質を長期間床材に接触させると、汚れが除去できなくなるので注意する。

仕上げのポイント

☞ 施工前に下地の状態を確認し、不備があれば補修する。
☞ 汚染の原因となる物質との接触を避ける。
☞ 定期的にメンテナンスを実施する。

③ 床材の変色・退色（3）

ケース46 下地に施工されたシール材により床材が変色した！

現　象	竣工後1年のRC造集合住宅で、3階共用廊下の床材が変色した。
原　因	ひび割れ誘発目地の処理に使用したシール材により、床材が黄色に変色した。
処　置	下地に付着したシール材を十分に除去し、床材製造所が推奨するシール材で補修したうえで床材を再施工した。

ケース47 建築用マーカーにより床材が変色した！

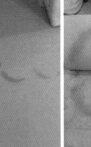

現　象	竣工後4カ月のRC造商業施設で、2階店舗の床材が部分的に変色した。
原　因	基準線や目印などを下地に記すために使用した着色スプレーやマーキングペン、朱墨、有色チョークなどに含まれる着色成分が移行し床材が汚染された。
処　置	下地に付着した着色物は完全に取り除き、下地補修を行った後、汚染部分の床材を張り替えた。

ケース48 合板下地に塗布された防蟻剤により床材が変色した！

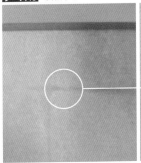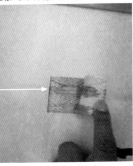

現 象	竣工後6カ月の木造住宅で、1階廊下の床材が変色した。
原 因	施工現場で塗布した防蟻剤の成分が合板の継ぎ目に浸透し、十分に乾燥されていなかったため、成分が床材に移行して変色した。
処 置	変色した箇所の合板下地を張り替え、そのうえで床材を再施工した。

対 策

ケース46
①汚染物質の有無など、下地の状態を確認する。
②汚染物を適切な方法により除去する。
③使用場所に適した床材を選定する。

ケース47
①汚染物質の有無など、下地の状態を確認する。
②下地材に使用するマーキングペンは、非汚染性が確認されているもの、朱墨の代わりには黒墨や白チョークが推奨されている。
着色汚染⇒71ページ

ケース48
品質が安定した合板と、無色透明な防蟻剤・防腐剤を選定する。

仕上げのポイント

☞ 汚染の原因となる物質との接触を避ける。
☞ 施工前に下地に残存する汚染物質の有無を確認し、汚染の原因となる物質があれば完全に除去する。

変色・退色・白化対策

④ 床材の変色・退色（4）

ケース49 アスファルトのりにより床材が変色した!

現象	改修後2カ月のRC造商業施設で、1階店舗の床材が局部的に変色しているのがわかった。
原因	アスファルトのり（黒のり）を十分に除去せず床材を施工したため、床材が汚染された。
処置	アスファルトのり（黒のり）を十分に除去し、セメント系下地補修材により補修したうえで床材を再施工した。

ケース50 防蟻・防腐剤により床材が変色した!

現象	竣工後6カ月の木造住宅で、洗面所の床材が部分的に変色している。
原因	合板下地に使用した、着色された防腐剤・防蟻剤の成分が床材に移行し、床材が変色した。
処置	薄ベニヤを増し張りして下地補修を行った後、床材を張り替えた。

ケース51 鉄錆により床材が変色した!

現　象 竣工後3年の商業施設で、1階トイレ入口付近においてスチール製柱回りの床材が茶色く変色しているのがわかった。

原　因 日常的な清掃で使用した水の拭き取りが十分でないため、錆が発生し、錆が放置されて床材に付着し、茶褐色に変色した。

処　置 汚染箇所は錆落し剤等である程度は除去したが、除去できない汚染部分の床材については張り替えることにした。

対　策 ケース49
　　　　①下地の状態を確認する。
　　　　②汚染・変色の原因となる物質を長期間床材に接触させると、汚れが除去できなくなるので注意する。
　　　　③アスファルトのりを除去する。
　　　　④ポリマーセメントモルタルなどの下地補修材で、下地処理を行う。
　　　　ケース50
　　　　防腐剤・防蟻剤は無色透明なものを選定する。
　　　　ケース51
　　　　①防錆処理を行う。
　　　　②錆の発生を防止する。
　　　　付着汚染⇒70ページ

仕上げのポイント

☞ 下地に残存する汚染物質は、時間の経過とともに床材の表面側に徐々に移行する。したがって床施工前に汚染物質を完全に除去することが大切である。

変色・退色・白化対策

⑤ 床材の変色・退色（5）

ケース52　金属成分により屋外シートが変色した!

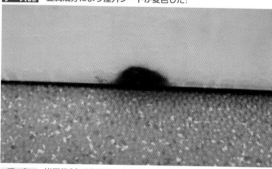

現　象	竣工後2年のRC造集合住宅で、3階の非常階段に通じる共用廊下の床材が変色しているのがわかった。
原　因	酸性雨などにより溶け出した金属成分が床表面に堆積して、赤っぽく変色した。
処　置	汚染箇所を錆落し剤等で除去した。汚れが落ちない部分は、床材を張り替えた。

ケース53　床暖房の熱により床材が変色した!

現　象	竣工後2年のRC造福祉施設で、床暖房を使用している床が変色しているのがわかった。
原　因	床暖房が敷設されている床材の上に、放熱を妨げるものが置かれていたため、その箇所が蓄熱し、床材が変色した。
処　置	床暖房が敷設されている床材の上に、クッションやラグなど、放熱を妨げるものを長時間放置しないよう建物管理者に説明した。

現　象　竣工後6年のS造店舗ビルで、床材表面が劣化し退色しているのがわかった。

原　因　直射日光が長時間当たる窓周辺が紫外線により退色し、床材が焼けたことによる。

処　置　カーテンやブラインドなどを使用して、紫外線が直接当たらないよう管理者に説明した。また、紫外線が直接当たる場所には、耐候性のある床材を選定し、張り替えることとした。

対　策　　ケース52
①汚染・変色の原因となる物質を床材に長期間接触させると、汚れが除去できなくなる。
②錆が発生するおそれのある箇所では、金属部分にエポキシ系防錆塗料等を塗布する。
汚染のメカニズム⇨69ページ

ケース53
①床暖房が敷設されている床材には、放熱の妨げとなるクッションやラグなどを長期間放置しない。
②床暖房製造所から渡される取扱説明書の注意点を確認する。
床暖房下地への施工⇨65ページ

ケース54
用途に適した耐候性のある床材を選定する。
劣化⇨72ページ

仕上げのポイント

☞ 汚染・変色の原因となる物質を、床材に長期間接触させないこと。
☞ 床暖房が敷設されている床材の上に、放熱を防げる物を長期間放置させないこと。

変色・退色・白化対策

⑥ 床材の変色・退色(6)

ケース55 物が長期間置かれていた箇所の床材が黄変した!

消火器が置かれていた箇所

現 象	竣工後2年のRC造事務所ビルで、長期間にわたり物が置かれて光が当たらない状態だった箇所が黄色く変色した。
原 因	暗所黄変と呼ばれる変色と想定されるが、詳細な原因は解明されていない。
処 置	変色が目立ちにくい白色系以外の床材に張り替えた。なお、光を当てると変色が戻る場合もある。

ケース56 結露により天井や壁から流れ出た成分で床材が変色した!

現 象	竣工後5年のRC造集合住宅の屋内非常階段で、踊り場の壁際のシートが変色している。
原 因	結露などにより天井や壁から水分が床面に流れ出て、染みとなって見えた。
処 置	定期的にメンテナンスを行い、表面に溜まった水分を拭き取り、通風・換気を良くし、乾燥を促進した。

ケース57 接着剤の撹拌が原因で床材が変色した!

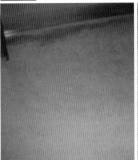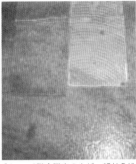

現象 竣工後1年のRC造事務所ビルで、2階会議室の床が一部むら状に変色している。

原因 エポキシ樹脂系接着剤を直接床面で撹拌して使用したため、未反応の成分が床材に移行し、変色した。

処置 汚染した床下地をケレン除去し、下地補修を行った後、再施工した。

対策 **ケース55**

ピンキングや暗所黄変と呼ばれるプラスチック特有の変色現象については、明確な対策は困難である。そのため、暗色系の床材を選択するようにする。

ケース56

結露は、変色以外にもカビの発生等の原因となるため、換気を行うなどの対策を講じる。

ケース57

エポキシ樹脂系接着剤は専用容器に入れて撹拌し、直接床面では撹拌してはならない。

接着に関する注意点⇒61ページ

仕上げのポイント

☞ 床材の黄変は、酸性ガス（SOx、NOx）、暗所、アルカリ性雰囲気*、高温多湿環境などの条件下で発生する可能性があることが知られているが、詳細な原因は解明されていない。発生条件がそろいやすい地下の厨房、トイレ等では、暗色系の床材を選定することも検討する。

☞ エポキシ樹脂系接着剤は、主剤と硬化剤を均等の量（重量）に正しく計量し、別の容器で十分混合してから使用する。

*コンクリートから発生したアルカリ性物質が空気中に取り込まれ、室内空間がアルカリ性の環境になること。

変色・退色・白化対策

⑦ 床材の白化（1）

ケース58 雨水の水濡れによりシール材の色抜けが起こった！

現　象　施工中のRC造集合住宅で、バルコニー床の防滑シート端部処理に使用したシール材の色が抜けているのがわかった。

原　因　雨天時にシーリングを行ったため、シール材に雨水が掛かり白化が生じた。

処　置　白化の再発を防ぐため、作業は晴天時に行うこととし、シール材の白化箇所を除去し再度シーリングを行った。

ケース59 水垢や水分吸水により床材に白化が起こった！

現　象　竣工後3年のRC造集合住宅で、1階管理人室の手洗い場や共用廊下において床材が白化した。

原　因　溜まった水分が床材の表面にわずかに浸み込み、輪染み・白化が発生した。

処　置　クエン酸や重曹を用いて水垢の除去を行った。水分が浸み込んだ部分はドライヤー等を使って乾燥させた。

48

現象	竣工後6年のRC造集合住宅で、ベランダに施工した床材が雨天の翌日に白く変色した。
原因	床材が水に濡れた状態が長時間続いたため、床材表面に水分がわずかに浸み込み、白く汚れたように見えた。
処置	水はけを良くするよう表面を清掃し、一部分に水が溜まらないようにした。床材表面の水を拭き取り乾燥させた。床材から水分が揮発することで白化が解消された。

対策　ケース58
シーリングは雨天時や梅雨時など、湿度が高い環境下では白化する可能性があるので注意する。
ケース59、60
床材表面に長時間水が溜まっていると、水分により白化する可能性があるため、水が溜まらないよう注意する。

仕上げのポイント

☞ シーリング工事に限らず、床材の施工に際しては天候や気温、湿度に注意する。
☞ 下地に不陸（凹凸）があると、仕上材の施工後も表面に凹凸ができ水が溜まりやすくなるため、下地表面は平滑に仕上げる。
☞ 床材に水が溜まらないようにする。

変色・退色・白化対策

⑧ 床材の白化（2）

ケース61 垂れた消毒用アルコールにより床材が白化した！

現象 竣工後8年のS造工場の実験室において、消毒用アルコールが垂れた箇所の床材が白く変色した。

原因 塗布された樹脂ワックスがアルコールによって劣化し、白化した。

処置 白化してしまった箇所は樹脂ワックスを除去し、耐アルコール性の樹脂ワックスを塗布した。

ケース62 トイレの床に薬品が付着して色が抜けた！

現象 竣工後9年のRC造事務所ビルで、トイレの床材の上に洗浄剤の容器を置いていたところ、その部分が変色した。

原因 洗浄剤等の成分が床材表面に接触・付着・浸透し脱色した。

処置 脱色した床材を剥がし、耐薬品性のある床材に張り替えることにした。

ケース63 水分吸収により浴室の床材が白化した!

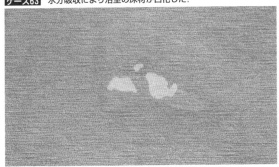

現 象 竣工後5年のRC造老人福祉施設で、浴室の洗い場に施工した床材の色が白く変色した。

原 因 溜まった水分が床材の表面にわずかに浸み込み、白化が発生した。

処 置 水はけを良くし、一部分に水が溜まらないようにした。換気扇を回し、浴室内に湿気がこもらないようにした。

対 策　**ケース61**
①汚染・変色の原因となる物質を床材に長期間接触させない。
②消毒用アルコールを頻繁に用いるような場所では、耐薬品性に優れた床材の選定や、耐アルコール性の樹脂ワックスを使用する。
③消毒剤等の薬品を床材に付着させた場合には、速やかに拭き取る。
　ケース62
①薬品を使用する場所では、床材に薬品が接触しないよう養生材などを敷き、保護する。
②耐薬品性のある床材を選定する。
　ケース63
頻繁に水を使用する場所では、換気するなど床材に水が溜まらないよう注意する。

仕上げのポイント

☞ 使用用途に適した床材、樹脂ワックスを選択すること。
☞ 汚染・変色の原因となる物質を、床材に長期間接触させないこと。
☞ 床材に水が溜まらないようにする。

9 割れ対策

(1) 施工の不具合による床材の割れ

ケース64 下地クラックの影響により床材に割れが発生した！

現　象	竣工後3年のRC造事務所ビルで、コンクリート下地に床材を施工したところ、床材にみみず腫れのような跡やひび割れが発生しているのがわかった。
原　因	下地にクラックが発生し、そのクラックに追従して床材に割れやみみず腫れのような跡が発生した。
処　置	ひび割れ箇所やみみず腫れを起こしている部分の床材を剥がし、クラックをエポキシ樹脂系パテ等で適切に補修した。その後、床材を再施工した。

ケース65 下地合板の継ぎ目部分の床材に割れが発生した！

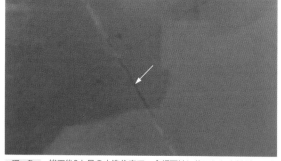

現　象	竣工後9カ月の木造住宅で、合板下地に施工した床材が、一定間隔で割れが発生した。
原　因	床材を合板など継ぎ目がある下地に施工したため、継ぎ目が伸縮し床材に割れやみみず腫れのような跡が発生した。
処　置	ひび割れ箇所やみみず腫れを起こしている部分の床材を剥がし、合板下地の継ぎ目が動かないよう十分に固定した。継ぎ目部は適切なパテを使用して平滑にし、そのうえで床材を張り替えた。

ケース66 ピッチが広いくし目ごてを使用したため床材に割れが発生した!

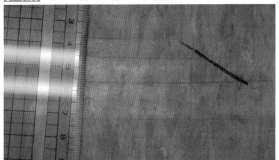

現象 竣工後1年のRC造事務所ビルで、1階廊下の床に曲線を含む均等な線状の跡が発生した。

原因 くし目の間隔が広いくし目ごてを使用したこと、もしくは接着剤の張り付け可能時間を超えた後に床材を張り付けたため、接着剤のくし山がつぶれずピッチ間の床材がたわみ、割れやへこみが生じた。

処置 割れている部分の床材を剥がし、接着剤を除去した。その後、接着剤製造所が指定する適正なくし目ごてで接着剤を塗布し、適切なオープンタイムと十分な圧着により床材を施工した。

対策 ケース64
①施工前に下地の状態を確認する。
②床材製造所が示す手順に従って作業を行う。
ケース65
下地が合板の場合は、動かないようにあらかじめしっかりと固定し、目地部分を平滑に仕上げる。
ケース66
①接着剤塗布に用いるくし目ごては、接着剤製造所が指定するものを用いる。
②接着剤の張り付け可能時間を超えないよう、施工を行う。
接着に関する注意点⇒61ページ

仕上げのポイント

☞ 接着剤には標準塗布量が定められているため、接着剤製造所指定のくし目ごてを用いて施工する。

☞ 接着剤は、接着剤製造所やその種類によってオープンタイムや張り付け可能時間が異なるため、接着剤の表示を確認し施工を行う。

☞ 合板下地は、段差やすき間の有無を確認し、合板を固定するくぎやビスの間隔にも注意する。

割れ対策

② 接着剤や薬品による床材の割れ

ケース67 接着剤の塗布方法が原因で床材に割れが発生した！

現　象　竣工後11カ月のRC造商業施設で、通路の床に直線の跡が発生し、その後床材に割れが発生した。

原　因　割付け線まで接着剤を塗布していない、あるいは割付け線を越えて接着剤を塗布しケレンせずに塗り重ねた、などにより段差となって床材に割れが生じた。

処　置　割付け線まできちんと接着剤を塗布し、割付け線よりはみ出た接着剤はきれいに除去した。その後、床材を張り替えた。

ケース68 薬品により床材に割れが発生した！

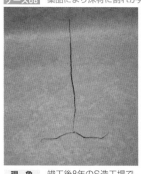 

現　象　竣工後8年のS造工場で、実験室内の床材に不規則なひび割れが発生した。

原　因　実験室で使用している液体窒素をこぼしたため、急冷により床材が急激に収縮し、もろくなって割れた。

処　置　床材が割れている箇所は、床材を張り替えた。以後、液体窒素を頻繁に扱う場合は、床の上に養生マットを敷き、床材を保護するようにした。

ケース69 樹脂ワックスの重ね塗りにより樹脂ワックスに割れが発生した!

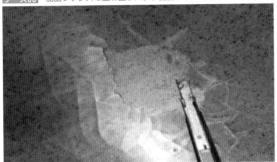

現 象 竣工後6年のRC造事務所ビルで、2階廊下の床の表面に割れが発生した。

原 因 不適切な洗浄と樹脂ワックスの堆積により発生した割れであると考えられる。十分な洗浄を行わず汚れを巻き込んだ状態で樹脂ワックスを塗り重ねたことによる。

処 置 不具合箇所の剥離洗浄を行い、既存樹脂ワックスを完全に除去し、樹脂ワックスを再塗布した。

対 策 ケース67
①接着剤の未塗布や重ね塗りが発生しないように施工する。
②割付け線を越えて接着剤を塗布した際は、はみ出した接着剤をケレン掛けなどできれいに除去し、床材を施工する。
ケース68
①床材に急激な温度変化を与えないようにする。
②作業内容によっては、作業前に床材の保護を行う。
ケース69
①適切なメンテナンス計画を立てる。
②定期的な剥離洗浄を行う。
③表面洗浄や剥離洗浄を行う場合は、汚れや古い樹脂ワックスをきれいに除去すること。
④樹脂ワックスの重ね塗りは、樹脂ワックス製造所推奨回数にとどめる。

仕上げのポイント

☞ 施工時において接着剤を塗布する際、接着剤の未塗布や重ね塗りが発生しないようにする。未塗布部分や重ね塗りを行った箇所は、後で不具合が起こる可能性が高いので注意する。

☞ 床材は急激な温度変化によって、変形あるいは割れを起こすため、作業を行う場合は床材を保護すること。

☞ フロアメンテナンス計画を立てて日常管理を実施する。

10 生物対策

① 床材のカビ・コケ・虫害

ケース70 結露や湿気により床材にカビが発生した！

カビの繁殖状況

現 象	竣工後1年の木造住宅で、黒い点状のポツポツとした膨らみが発生した。
原 因	結露しやすく、湿気の多い場所、または湿気のある物が置かれていたため、床材表面や下地にカビが繁殖し、床材に膨らみが発生した。
処 置	カビ取り剤を用いて下地のカビを除去した。その後、防カビ剤等を塗布し、十分に乾燥させてから床材を張り替えた。

ケース71 日当たりが悪い共用廊下にコケが発生した！

現 象	竣工後11年のRC造集合住宅で、共用廊下にコケが発生した。
原 因	日当たりや水はけが悪く、床上に水が溜まっていた状態が長く続いていたため、水溜まりにコケが発生して床材表面に付着した。
処 置	コケが発生した箇所はきれいに洗浄し、水はけを良くするよう下地調整を行った後、床材を張り替えた。

ケース72 クッションフロアに虫喰い跡があった!

 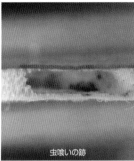

虫喰いの跡

現 象 竣工後3年の木造住宅で、クッションフロアに虫喰いのような跡があった。

原 因 昆虫類(例えばシロアリなど)の活動によって、クッションフロアの発泡層部分が侵食されて空洞ができたために、虫喰い跡が発生した。

処 置 再び昆虫類が発生しないよう下地も含め防虫処理を行い、その上で床材を張り替えた。

対 策 **ケース70**
カビの菌糸が発育しやすい環境(温度・湿度・栄養分)をつくらないためにも換気を良くし、湿気のある物を床材の上に置かない、こぼした水を拭き取るなどの対策を行う。

ケース71
定期的に清掃し、水はけの良い状態に保つ。

ケース72
昆虫類(例えばシロアリなど)が発生しない環境を整える。

□ ヤマトシロアリ
▨ ヤマトシロアリ・イエシロアリ

沖縄　父島　小笠原諸島

シロアリ分布(国内)

仕上げのポイント

☞ 下地の状態を確認し、湿気がある場合には乾燥させてから施工する。

☞ 外廊下など、水が溜まりやすい箇所では定期的にメンテナンスを行い、良い清掃状態を保つこと。

11 その他対策

① その他の不具合

ケース73 シール材が破断した!

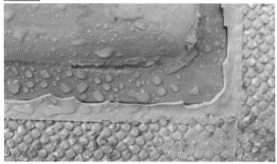

現　象　竣工後3年のRC造公共スポーツ施設で、プールサイドで端末処理部のシール材が破断した。

原　因　特性の異なるシール材上に重ねて施工したため、シール材が破断した(弾性シール材の上に硬質のエポキシ系シールを重ねた場合、弾性シール材の伸縮により硬質シール材が破断する)。

処　置　既設のシール材をすべて撤去し、新規シール材を打ち直した。

ケース74 OAフロアに施工したタイルに段差が生じた!

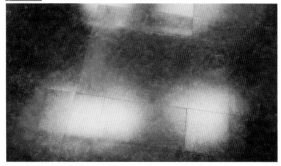

現　象　竣工後2年のRC造事務所ビルで、3階執務室のOAフロア上のタイルに段差が生じた。

原　因　OAフロアパネルのレベル(水平)がずれ、パネル上に施工されたタイルに段差が生じた。

処　置　OAフロアパネルをはずしてレベルの再調整を行った。その後、パネルのずれが生じないよう元の場所に戻し、タイルそのものには不具合がなかったので、タイルも元の位置に戻した。

現　象　竣工直後のRC造集合住宅で、1階開放廊下の床シート上に模様が見えるとの指摘があった。

原　因　手すりや壁の影がシート上に映っていて、下地や床材の不具合と見間違えた可能性も考えられる。

処　置　新しいシートを指摘された箇所に仮敷きし、シートをずらして模様が動くか確認した結果、見間違えであることがわかった。

対　策　ケース73
既設のシール材の撤去ができず、やむを得ず重ねて施工する場合は、施工方法について床材製造所に確認を行う。
ケース74
①OAパネルにずれが生じている場合には、OAパネルの施工会社にレベルを合わせてもらう。
②床下配線のためにOAパネルをはずした場合には、OAパネルをきちんと元の位置に戻す。
ケース75
床材に、汚れとは異なる模様のようなものが映って見える場合には、新しいシートをその場所に仮敷き、シートを動かして模様が動くか確かめてみる。

仕上げのポイント

☞ OAパネルのレベルがずれている場合は、レベル合わせを行う。再調整を行う場合はOAパネル、タイルともに元の位置にきちんと戻す。

☞ 材料の不具合と判断する前に周囲の状況をよく確認する。熟練者でも見間違えることがあるため注意が必要である。

12 付録／技術編

① 下地水分の影響

下地の乾燥

コンクリート下地、モルタル下地、セルフレベリング下地では、下地の乾燥が不十分であると、床材張り付け後に下地から湿気が上がり、膨れや接着不良などの問題が発生する場合がある。床材張り付け前に、下地が乾燥状態にあり施工に影響がないかを確認することが必要である。

下地水分量の測定および施工方法の目安

日本床施工技術研究協議会の「コンクリート床下地表層部の諸品質の測定方法、グレード（2014年8月改訂）」では、高周波容量式水分計を利用して下地水分を測定する方法が規定されている。
施工方法の目安は、高周波容量式水分計「HI-520・HI-520-2（ケツト科学研究所）」に装備されている「D.MODE（ダイレクトモード）」の読み値を用いて、下地水分のグレードに照らし合わせて確認する。

水分量のグレードとその判断指標

インテリアフロア工業会では、日本床施工技術研究協議会の「コンクリート床下地表層部の諸品質の測定方法、グレード（2014年8月改訂）」で示された水分量のグレードを参考に施工方法の判断指標を定めた。水分量のグレードとD.MODE（ダイレクトモード）およびコンクリート・モードの読み値の目安および施工方法の目安の関係を下表に示す。

コンクリート・モルタル・
セルフレベリング下地（全条件で）

グレード	選択：D.MODE	施工方法の目安
Ⅰ	440未満	一般工法
Ⅱa	440以上 620未満	耐湿工法推奨
Ⅱb	620以上	施工不可

コンクリートのみ
設定条件（厚さ：40㎜、温度：AUTO）

グレード	コンクリート・モード	施工方法の目安
Ⅰ	4.0未満	一般工法
Ⅱa	4.0以上 5.0未満	耐湿工法推奨
Ⅱb	5.0以上	施工不可

＊モルタルやセルフレベリングには適用不可

memo

② 接着に関する注意点

接着剤

接着剤は粘着剤を溶かす溶媒、分散状態などによって、エマルション形・ラテックス形、溶剤形、反応形に大きく分類できる。

エマルション形・ラテックス形は、樹脂またはゴムの微粒子を界面活性剤が取り囲んだ状態で水分中に分散している接着剤である。これらは、溶剤形に対して水性形接着剤という場合もある。長所は、おもな溶媒が水であるため、引火性、火災の危険性がなく、貯蔵に際して法的な制限を受けない。短所は、耐水性、耐湿性に劣り、溶媒が水のため溶剤形に比べて乾燥するまでに時間がかかること、接着力が弱いことなどがあげられる。

溶剤形は、アルコールなどの溶剤を溶媒とし、その中に樹脂が溶けている、または分散している状態の接着剤であるため、溶剤が揮発することによって接着力を発現するタイプと、化学反応によって硬化、接着する反応形がある。反応形の接着剤には、樹脂が空気中の湿気と反応して硬化するタイプ（ウレタン樹脂系）や、二液を混合・反応して硬化するタイプ（エポキシ樹脂系）がある。長所は、湿気に強く、接着強度が大きいことがあげられる。短所は、引火性の溶剤を含むため火気厳禁とし、貯蔵、取扱いに制限がある。

下地状況別接着剤の選定

下地の状況によって適用できる接着剤が異なる。適用の可否については下表を参照のうえ、不明な点は床材製造所に問い合わせること。

下地状況別接着剤の適用可否

種　類	エマルション形ラテックス形	溶剤形	反応形
下地状況	・アクリル樹脂系エマルション形 ・ゴム系ラテックス形	・酢酸ビニル樹脂系溶剤形 ・ビニル共重合樹脂系溶剤形 ・ゴム系溶剤形	・エポキシ樹脂系 ・ウレタン樹脂系 ・変成シリコーン樹脂系
湿気上昇のおそれのある下地	不可	不可	可 （グレードⅡa以上）
吸水性のある下地（モルタル等）	可	可	可
吸水性の少ない下地（木床等）	可*	可*	可
吸水性のない下地（塗床等）	不可 （ピールアップタイプは可）	不可	可*

*待ち時間（オープンタイム）や塗布量に注意が必要。

付録／技術編

①接着剤の待ち時間（オープンタイム）や張り付け可能時間は、温度・湿度などの施工環境に大きく左右されるため、施工時の温度・湿度などを考慮し、一度に塗布する量（塗布面積）を決める。
特に、以下の状態では固化・硬化が早くなるため、待ち時間（オープンタイム）や張り付け可能時間に注意が必要である。
・温度の高い状態
・吸水性の多い下地
・塗布量不足
・通風のよい空間

②接着剤に上澄みがある場合は、十分に撹拌すること。エポキシ樹脂系接着剤は、主剤・硬化剤それぞれを撹拌後、二液の配合量を守り、混練用の別容器で十分に混ぜ合わせて使用する。

③エポキシ樹脂系接着剤は、化学反応によって硬化するので、1回で塗布できる量だけを混合すること。余分に混合して長時間放置しておくと、混練容器内で硬化してしまい使用できなくなるため、混合する量に注意が必要である。

④冬期低温時の施工では、床材は硬くなじみにくく、待ち時間（オープンタイム）、張り付け可能時間、圧着可能時間が極端に長くなるため注意する。室温は10℃以上を保つようにする。

⑤接着剤のはみ出しは、アルコール等で速やかに除去する。シンナーの使用や刃物でこすることは、表面を傷める可能性が高いため避ける。

⑥圧着時、ローラー掛けが不足した場合、突き上げ・接着不良・くし目割れなどのおそれがある。タイルローラー、3本ローラー（45kgローラー）などで床材張り付け後30分以内に十分圧着する。

⑦壁際などの端部は切込み作業に時間がかかり、接着剤の張り付け可能時間をオーバーしがちなため、接着剤塗布のタイミングは特に注意する。

⑧溶剤形接着剤は溶剤の揮発、エマルション形・ラテックス形接着剤は水の蒸発により固化する。固化を促進させるためには作業現場の空気を滞留させないようにする。特に、溶剤形接着剤の場合、溶剤蒸気は空気より比重が重く床面に滞留するため、トーチランプ、差込みプラグのスパークなど火気には細心の注意を払うこと。作業員の健康管理のうえでも、作業中は通風、換気を良くし、特に開口部が少ない場合は、局所排気装置を設けるようにする。

memo

③ 気温による製品への影響

ビニル系床材の温度特性

ビニル系床材の主原材料である塩化ビニル樹脂は、熱可塑性樹脂の一種であり、温度の変化により材料自体が伸縮を起こす性質を有している。施工時の寸法は、常温と比較し低温では縮み、高温では伸びを示す。寸法安定性を高めるため、ガラス織布やガラス不織布を積層した床材も製造されている。

施工環境温度

ビニル系床材の種類で形状がタイルのものは、壁際等の納まりを除いて真物（切断加工していない定尺のままの状態のもの）で施工されるため、施工時の気温や床面温度の変化により寸法が伸び縮みし、目地の通りが悪くなることがある。午前の施工開始時の寸法が昼間には若干伸び、夕方には昼間の寸法に対し若干縮んでいるということが気温差の激しい時期に多く見られる。

また、硬さも温度に応じて変化するという性質を有するため、低温時の施工では下地へのなじみを良くするため、採暖して室温を高める処置が必要となる。

床材製造所の指定する施工環境温度を保つよう空調等の準備を計画し、施工を行うことが重要である。

保管環境温度

ビニル系床材の保管は、施工箇所の温度と変わらない環境下で行い、できるだけ室温になじませた状態にしておくことが重要である。

想定される不具合現象

ビニル系床材は、温度による寸法伸縮および硬さの変化が生じやすいことから、以下のような不具合現象が発生しやすくなるため注意が必要である。
・タイル形状のものでは目地の通りが悪くなる、目違いが生じる。
・低温下での施工では、下地へのなじみが悪くなり、浮きが生じる。
・高温下での施工では、床材自体が軟らかくなり、重量のある什器などの静置により、へこみ跡が残る。

memo

付録／技術編

 ④ 低温時の施工

採暖して施工する場合の方法
低温時にやむを得ず施工する場合は、ジェットヒーター等による採暖等を行い、室温を10℃以上に保つようにする。施工後12時間程度は極端な温度変化が生じないようにする。
なお、採暖によって室内温度が上昇することにともない、施工済みの天井や壁など仕上材表面に結露が生じ、汚染の原因となることがあるので室内の温度管理を適切に行う。

施工を取りやめる目安となる温度
床材の張り付け時の室温が5℃以下、または接着剤の硬化前に5℃以下になるおそれのある場合は、施工を中止する。やむを得ず施工する場合は、採暖等の養生を行う。

memo

⑤ 床暖房下地への施工

床暖房パネルの固定状態等の確認

パネル設置型の床暖房では、パネルに直接床材を施工することはできない。合板で捨て張りした後に、合板の段差は研磨により平滑に仕上げ、目地すきやネジのくぼみは適切なパテを使って平滑にしてから、床暖房を実際の使用温度に設定し床材の施工を行う。

コンクリート埋設型の下地水分等の確認

コンクリート埋設型の床暖房では、ヒーティングにより、コンクリート中の水分が下地表面に上昇してくることがある。床材を施工する前にはヒーティングを行いながら、下地水分を高周波容量式水分計「HI-520・HI-520-2 (ケツト科学研究所)」のD.MODE (ダイレクトモード) で確認する。

また、下地に発生したクラックや段差の処理は、現場管理者や専門工事業者に依頼し、適切に処置されていること。下地の水分等に問題がなければ、床暖房を実際の使用温度に設定し床材の施工を行う。

接着剤の選定

床材の種類等によって施工方法が異なるため、床材製造所が指定する接着剤を選定する。

memo

⑥ 継ぎ目処理の種類

熱溶接による方法

シート張り付け後、接着剤が十分に硬化してから、溶接作業を行う。

作業手順は以下のとおり。

①継ぎ目は、シートの厚みの1/2〜2/3程度を溝切りカッターを用いてV字型、またはU字型にカットする。

②熱溶接機を用いて、溶接棒の材料温度に注意し、床シートと溶接棒を同時に加熱し、ノズル先端に圧力をかけて溶接棒を熱溶接する。

③溶接完了後、余盛り部分をスペーサーを使用して粗切りし、溶接部が完全に冷却した後、仕上げカットを行って平滑に仕上げる。

溶接液による方法

あらかじめマスキングテープを張り付け、継ぎ目に沿ってマスキングテープをカットしてから液を注入するタイプ。

作業手順は以下のとおり。

①シート張り付け後、接着剤が十分に硬化してから、継ぎ目にマスキングテープを張り付ける。

②継ぎ目に合わせてテープをカットし、継ぎ目処理剤（溶接液）を注入する。

③液が硬化した後にテープを剥がす。

溶着液による方法

そのまま直接液を継ぎ目に注入するタイプ（シーム液など）。

作業手順は以下のとおり。

シート張り付け後、接着剤が十分に硬化してから、直接継ぎ目処理剤（溶着液）を注入し、そのまま乾燥させる。

接着液による方法

継ぎ目に液の注入を行った後にマスキングテープを張り付け、液が硬化した後にテープを剥がすタイプ。

作業手順は以下のとおり。

①シート張り付け後、接着剤が十分に硬化してから、継ぎ目処理剤（接着液）を注入する。

②液を注入してからマスキングテープを張り付ける。

③液が硬化した後、テープを剥がす。

目地材による方法

シート張り付け後、接着剤が十分に硬化してから、目地材の充填を行う。

作業手順は以下のとおり。

①継ぎ目を2〜3mm程度あけてシートを張り付け、接着剤が十分に硬化してからシートの目地部にマスキングテープを張り付ける。

②シートの目地部に、気泡を巻き込まないよう注意しながら目地材を均一に充填する。

③目地材が、マスキングテープから床シート表面にはみ出さないよう注意しながら、仕上げ用のヘラで目地材表面を平滑に仕上げる。

④平滑に仕上げた後、速やかにマスキングテープを取り除く。
⑤作業完了後、目地材が完全に硬化するまで養生する。

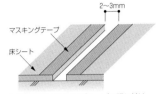

シート材目地部のマスキングテープの張り付け

memo

❼ 施工箇所の違いによる影響

屋内

地下を含む接地階のコンクリート下地に床材を施工する場合、下地から水分や湿気が生じることがある。このため、接着剤はエポキシ樹脂系やウレタン樹脂系など耐水性を有する接着剤を選定する。接着剤の強度低下によって、膨れや剥がれ、目地部の不具合（目地すき、反り、突き上げ等）が発生することがある。接地階以外では厨房など水掛かりが想定される場所も同様である。必要に応じて端部処理を行うこと。

上記接地階以外については、環境側面からアクリル樹脂系エマルション形接着剤が多く用いられるが、耐動荷重や帯電性など仕様に適した接着剤を選定すること。

屋外－屋上、ルーフバルコニー

屋上やルーフバルコニーについては、階下への漏水を防ぐため、床材施工の前に全面防水層が形成されていることを確認する。ただし、防水層が形成できない場合は床材の施工は難しい。降雨や降雪による水掛かりが想定されるため、接着剤はエポキシ樹脂系やウレタン樹脂系など耐水性を有する接着剤を選定し、端部処理を行う。

半屋外－開放廊下、ベランダ

集合住宅の開放廊下やベランダについては、降雨や降雪による水掛かりが想定されるため、接着剤はエポキシ樹脂系やウレタン樹脂系など耐水性を有する接着剤を選定し、端部処理を行う。防水を必要とする場合は、防水材との複合防水工法が多く用いられる。

memo

⑧ 汚染のメカニズム

付着汚染

付着汚染とは、ビニル系床材の表面に物質が擦れる、張り付く、堆積するなどして、表面が汚れる、または劣化する現象をいう。
付着した物質を取り除くことにより汚れが除去できるものもあるが、物質が腐食や変質などにより変色し、床材表面から浸透して着色するものがある。

着色汚染

着色汚染とは、ビニル系床材の表面に色のついた物質（液体や固体）が接触し、表面から浸透し着色した現象をいう。
代表的な着色汚染物質としては、ゴム製品成分（プロセスオイル＋老化防止剤）、酸化染毛剤（毛染液）やポビドンヨード（殺菌消毒剤）があげられる。
着色汚染の原因物質となる染料や着色物が、ビニル系床材の表面に接触することにより、当該物質が表面から内部へ浸透し固有の色が定着する。
一般に、定着した色は取り除くことが困難であるため、汚染が想定される場合は、直接の接触を避けるよう着色物の移行・浸透が生じにくい保護材（金属など）を設置することが必要である。
また、保護材の設置が困難な場合は、着色される色と同色系統の色柄となる床材を選択し、着色汚染を識別しにくくすることも検討する。

劣化

塩化ビニル樹脂の劣化によっても外観変化が生じる。塩化ビニル樹脂の劣化はおもに外的要因によることが多く、主要因として「熱」、「光」、「液体」があげられる。

memo

付録／技術編

⑨ 付着汚染

静電気汚れ

静電気汚れとは、床材や壁紙が帯電し、大気中の微細なほこりや油煙を吸着して黒く汚染する汚れのことで、冷蔵庫の背面等によく発生する。

摩擦汚染

①靴底と樹脂ワックスの摩擦による汚れ

床材表面の樹脂ワックスと履物の靴底によって摩擦熱が発生し、靴底が樹脂ワックスにこびりついて発生する汚れ。

②タイヤゴムの摩擦による床材の汚れ

タイヤのゴムが摩擦熱により軟化し、床材表面に付着して発生する汚れ。

溶融物の付着

①粘着テープによる汚染

床材を養生する際に使用した粘着テープ（ガムテープ、布テープ等）の粘着剤が移行して発生する汚れ。

②ゴムによる汚染

椅子や脚立等の脚に用いられている緩衝材やキャスター、マット類の裏面等のゴムに含まれる成分（老化防止剤等）が移行して発生する汚れ。

③金属成分の溶解による汚染

結露水等によって溶け出した金属成分（錆等）が付着して発生する汚れ。

塵埃付着

マンションの開放廊下、屋上などの屋外向け床材等で、火山灰や土砂などが塵埃として飛来し、塵埃に含まれる酸類の成分が床材に汚れとして付着し、色の変化、劣化の促進を行うことが要因とされる汚れ。

付着物の堆積汚染

ハトやカラス等の鳥の糞などに含まれる酸成分が、長期間床材の表面に堆積されたまま放置されたことが要因となり、製品の汚染、変色、劣化の促進を引き起こすことで発生する汚れ。

ミストによる汚れ

フードコートや飲食店などの調理場で使用された油などが、調理の際にミストとなって空気中に霧散した後、床面に付着・堆積することによって発生する汚れ。堆積したミストが油膜となり、油膜自体の色味が汚れとして見える現象や、油膜に塵埃などが付着し汚れとなる現象。

油膜自体に粘着性が強い場合は、靴跡などが顕著に見られることがある。

⑩ 着色汚染

ゴムによる汚染

椅子や什器の脚に使用されているキャップやキャスターなどのゴム製品との接触により、ゴムの酸化による老化（劣化）を防止する目的で配合されている老化防止剤が、プロセスオイルに溶け込んだ状態で床材中に浸透することで褐色状の着色が生じたもの。ゴム汚染は、着色面にブラックライトを照らすと蛍光発色するため、汚染原因の見分けがつきやすいという特徴を有する。

インキによる汚染

ビニル系床材に塗料や複写紙などの印刷物を接触させた状態で放置しておくと、床材が変色したり、印刷物の文字などが写ってしまうことがある。ビニル系床材には柔軟性や物性を向上させる目的で可塑剤が使用されているが、この可塑剤に塗料成分やインキに含まれる添加物が移ることが要因である。

染料による汚染

酸化染毛剤の主成分である酸化染料がビニル系床材に接触浸透し、ビニル系床材中で酸化剤により酸化して発色することによって色が定着したものや、マーキングペン・試薬などに含まれる染料がビニル系床材に移行し着色したもの。

memo

⑪ 劣化

熱による劣化

塩化ビニル樹脂のガラス転移温度は配合によって異なるが、60℃以上となっている。この温度以上になると変形、変色、軟化、溶融などが起こる可能性がある。また、高温の火種などとの接触によって溶融や炭化が起こる。一方でマイナス10数℃以下になると脆化（もろく壊れやすくなること）を起こし、衝撃強度が大幅に低下する。

光による劣化

塩化ビニル樹脂は、比較的耐候性に優れた材料であるといわれているが、光（紫外線）によって劣化する。これは紫外線によって塩化ビニル樹脂の結合が切断されることによる。光（紫外線）劣化は、環境温度や水によって促進される。屋外のみならず、直射日光が当たる屋内でも発生する可能性があり、光（紫外線）劣化によって強度や伸びなどの物性変化や変色などが生じる。光（紫外線）劣化を防ぐために、用途に応じて紫外線吸収剤や光安定剤が配合されている。

液体による劣化

塩化ビニル樹脂は、水を吸水することで色相変化や寸法変化を起こすことがある。また、溶剤に触れることで軟化したり溶解することがある。塩化ビニル樹脂の溶解性が強い溶剤*には注意が必要となる。

＊塩化ビニル樹脂の溶解性が強い溶剤の例：芳香族炭化水素（ベンゼン・キシレン・トルエンなど）、エーテル類（THF・ジエチルエーテルなど）、エステル類（酢酸エチルなど）、ハロゲン化アルキル類（クロロホルムなど）等。

memo

memo

付録／用語編

ビニル系床材用語集　　[凡例] ⇒：解説はその項をみよ

[ビニル系床材関係]

床材の種類

床仕上材の種類は多種多様であるが、大きく張り床材と塗り床材に分類される。張り床材は、高分子系張り床材（ビニル系床材など）、石質系（本石、セラミック系など）、木質系（単層フローリング、複合フローリングなど）、繊維系（パイルのあるもの、パイルのないもの）に分類され、さらに分野ごとに種類が定義づけされている。同様に、塗り床材も塗布型、一体型、浸透型に分類され、分類ごとに種類が細分化されている。

ビニル系床材の種類（JIS A 5705）

ビニル系床材の種類は、区分と種類により、9種類に分けられている。床タイルは、接着形と置敷き形、床シートは、発泡層のあるものと発泡層のないものに大きく区分けされている。

単層ビニル床タイル

均一なビニル層からなる床タイル。バインダー（原材料としてのビニル樹脂、可塑剤および安定剤のことを表す）含有率が30％以上と規定されている。

複層ビニル床タイル

着色したビニルシート、印刷層を有する表層やビニル片またはビニル粒等を散布配列して柄、模様を出した表層を有するバインダー含有率30％以上の床タイル。

コンポジションビニル床タイル

炭酸カルシウム等の充填材を大量に含むもので、縦筋状の流れ模様、スルーチップ模様、雲柄などの意匠を有する床タイル。

置敷きおよび薄形置敷きビニル床タイル

ガラス織布またはガラス不織布を積層し、寸法安定性を高めた床タイル。容易に剥離が行え、再施工が可能となっている。厚さ4.0mm未満のものを薄形とし区分されている。

単層ビニル床シート

均一なビニル層からなる床シート。単層ビニル床タイルと異なり、JIS A 5705では、バインダー含有率（％）は規定されていない。

複層ビニル床シート

着色したビニルシート、印刷層を有する表層やビニル片またはビニル粒等を散布配列して柄、模様を出した表層に、織布、不織布、ビニルシートなどを裏打ち材とした床シート。

発泡複層ビニル床シート

着色したビニルシート、印刷層を有する表層、ビニル片またはビニル粒等を散布配列して柄、模様を出した表層シートと中間層に発泡ビニル層を複合した床シート。

クッションフロア

透明ビニル表層を印刷、発泡ビニル層を中間層とする化学的または機械的にエンボスを施した床シート。

［原材料関係］

塩化ビニル樹脂

プラスチックは合成樹脂ともいわれ、塩化ビニル樹脂、ポリエチレン、ポリプロピレン、ポリスチレンなど、加熱により軟化する性質をもつ熱可塑性樹脂とフェノール樹脂やメラミン樹脂など、加熱により硬化し、二度と溶融しない性質をもつ熱硬化性樹脂に分類される。

塩化ビニル樹脂の組成の60%は工業塩からつくられているため、塩素を含む物質の特性である難燃性に富んだプラスチックといえる。着火しても火源が離れれば自己消火性によって炎が消える。そのほか塩化ビニル樹脂の特長として、耐久性、耐油・耐薬品性、加工・成形性があげられる。「塩ビ樹脂」、「PVC」ともいう。

塩ビ樹脂⇒塩化ビニル樹脂

PVC⇒塩化ビニル樹脂

可塑剤

塩化ビニル樹脂は本来常温では硬い樹脂であるが、加熱により軟らかくなる。この状態で可塑剤を加えると常温でも軟らかい状態を保持することができるようになる。これが塩化ビニル樹脂を軟らかくする可塑剤の働きで、「可塑化」という。

代表的な可塑剤は、フタル酸ビス（2－エチルヘキシル）（DEHP）、フタル酸ジイソノニル（DINP）で、この2種類で全体の80%を占めている。

安定剤

塩化ビニル樹脂の加工は加熱、軟化させて行うため、加工時の塩化ビニル樹脂の分解を抑える必要がある。塩化ビニル樹脂の分解を抑制する目的で加工時に添加する。

代表的な安定剤には、バリウム－亜鉛系（Ba－Zn系）、カルシウム－亜鉛系（Ca－Zn系）がある。

充填材

充填材は、増量、機械的性質向上のため添加される材料のことで、そのおもな材料として、炭酸カルシウム、クレー、タルクなどがある。

滑剤

滑剤は、粉末、固体、顆粒状の素材を加工する際に、素材と加工機や素材の粒子どうしの摩擦を軽減させる目的で使用される添加剤のこと。

着色剤

着色剤は、プラスチック製品を着色するために用いられる。例えば、白系はチタン、黒系はカーボンが使用される。

光安定剤

直射日光が当たっても、劣化して強度等の物性や変色等の外観変化を起こさないために使用する。「紫外線吸収剤」、「ヒンダードアミン系光安定剤」ともいう。

紫外線吸収剤⇒光安定剤

ヒンダードアミン系光安定剤⇒光安定剤

抗菌・防カビ剤

菌やカビの増殖を抑制するために添加剤として用いられる。

付録／用語編

JIS Z 2801「抗菌加工製品―抗菌性試験方法・抗菌効果」により抗菌性能、JIS Z 2911「かび抵抗性能試験方法」により防カビ性能が評価される。

発泡剤

発泡剤はプラスチックまたはゴムに加え、加熱分解して生成された窒素ガスなどを製品に包含させることで、セル構造を形成させる薬剤。クッションフロア、発泡複層ビニル床シート等で使用され、軽量化・衝撃吸収性・遮音性等を付与する目的で使用される。

帯電防止剤

静電気により帯電するのを防ぐために添加剤として用いられる。帯電防止剤としては、界面活性剤やカーボンなどの導電性充填材が用いられる。

［表面コーティング関係］

表面コーティング

床材の表面を樹脂で覆い、防汚性・耐摩耗性などの機能を付加する。傷がつきにくく、耐久性に優れる。また汚れがつきにくくなり、付着しても簡単に拭き取ることができるため、メンテナンスの負担が軽減される。

紫外線硬化樹脂（UV）コーティング

紫外線硬化塗料を用いた、製品製造時に施される表面処理方法。紫外線を照射することで化学反応が起こり硬化する。

ウレタン樹脂コーティング

ウレタン樹脂塗料を用いた、製品製造時に施される表面処理方法。加熱乾燥炉で乾燥し、硬化させる。

ワックスコーティング

アクリル樹脂塗料を用いた製品製造時に施される表面処理方法。加熱乾燥炉で乾燥し、硬化させる。紫外線硬化樹脂（UV）コーティングやウレタン樹脂コーティングに比較し、塗膜の耐久性は弱い。

［機能性関係］

耐摩耗性

床材の摩滅寿命に対する相対的な耐久性の指標で、テーバー摩耗、吉岡式摩耗等の試験方法があり、実際の床では使用法、清掃管理方法、清掃頻度といったメンテナンス条件等により摩耗量は大きく左右される。

耐動荷重性

床材の上をキャスターのついた台車等が、移動する際に加わる力に対する耐久性。ストレッチャーなどキャスター付き機器の移動が行われる場所では、移動物の重量に加えて、キャスターのねじりの力が床材表面に過酷な負荷となって働き、膨れや破れ、剥がれを発生させることがある。

耐ヒールマーク性

靴底のゴムが付着するヒールマークと呼ばれる汚れなどに対して汚れがつきにくく、簡単なメンテナンスで汚れが取れやすい性能のこと。

防滑性

床材の表面状態や履物の違いにより、床材の滑りにくさの程度を表すもので、安全性に寄与する指標。JISに規定されている滑り性試験方法がある。

残留へこみ

静止状態で床材の上に置かれたものの重量によってできたへこみ跡。除荷
後の時間経過に応じてへこみ跡がどの程度回復するかを測定する方法とし
て、残留へこみ試験がある。

抗菌性

大腸菌、黄色ブドウ球菌、MRSAなどの感染症、食中毒の原因となる細菌
の増殖を抑制する機能。抗菌性を付与した床材は、病院、福祉施設、食品
加工工場、研究所など衛生面が重要な施設などに適している。

防カビ性

カビの繁殖を抑制、増殖しにくい性能を表している。抗菌性を付与した床
材と同様に、病院、福祉施設、食品加工工場、研究所など衛生面が重要な
施設などに適している。

[下地の種類関係]

セメント系下地

セメント系下地とは、セメントを結合材として使用し、各種材料を混入し
てつくられる下地の総称。床用下地の代表的なものとして、モルタル下地、
コンクリート下地、プレキャストコンクリート（板）などがある。

モルタル

セメント、水、骨材（細骨材）を調合して混練したもの。コンクリート直仕
上げの上に30mm程度の塗厚で仕上げられる。

普通コンクリート直仕上げ

コンクリートはセメント、水、骨材（細骨材、粗骨材）、混和材料を調合し
て混練したもので、現場打ちされたコンクリートを「コンクリート直仕上げ」
という。「モノリシック（仕上げ）」ともいう。

モノリシック（仕上げ）⇨普通コンクリート直仕上げ

プレキャストコンクリート

あらかじめ工場などで生産された鉄筋コンクリート製品の総称。普通コン
クリート、軽量骨材コンクリート、ALC（気泡コンクリート）などがある。

軽量コンクリート

普通コンクリートよりも嵩（かさ）比重の小さいコンクリートの総称で、軽
量骨材を用いた軽量骨材コンクリートと、多量の気泡を含ませた気泡コン
クリートの2種類がある。国内では、一般に前者を指している。普通コン
クリートに比べ保有水量が多いため、床施工までの乾燥期間を長くとる必
要がある。

セルフレベリング（SL）材

セルフレベリングとは、自己水平性をもつ素材を活用した材料を指す。流
し込むだけで平滑な床を形成できる。配合によっては表面強度に劣るため
注意が必要である。セメント系と石膏系に大別される。

その他の下地

セメント系下地のなかには、塗り床（一体型）下地などがある。現場砥ぎテ
ラゾー、人研ぎ、テラゾーブロックなど、白色セメントを用いたものも狭
義にはセメント系といえるが、石材仕上げの一種と考えるほうがよい。

木組床下地（転ばし床）
コンクリートスラブや土間床の上に根太・大引きを置き、合板や床板を張る床組み。転ばし床と呼ばれるスラブ上に根太を並べるだけの下地もある。床高が十分にとれない場合などに用いる。

フリーアクセスフロア（OAフロア）
支持脚で床パネルを支え、床下に空間を設ける床下地システム。床下の空間は電力・通信系配線などの設置に利用される。床パネルは脱着ができ、床下の配線を容易に変更することができる。おもにオフィスなどの床で使われる。高さが調整できるレベル調整タイプと、敷き詰めるだけの置敷きタイプがある。

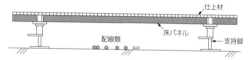

乾式二重床
高さ調整可能な支持脚で床パネルを支え、コンクリートスラブとフローリングなどの床仕上材との間に空間を設ける床下地システム。おもに集合住宅に使われ、床下は給排水管や給湯管、ガス配管などを設置する空間として利用される。

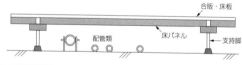

[下地の状態関係]
クラック
建物の外壁や内壁、基礎などにできる亀裂やひび割れのこと。乾燥収縮や膨張などによって生じ、表面の細かいひび割れを「ヘアクラック（収縮クラック）」、躯体の内部から生じたひび割れを「構造クラック」という。
ひび割れ
建物の外壁や内壁、基礎などにできる亀裂やクラックのこと。
不陸
床面が凸凹で水平でない状態のこと。
段差
床面に高低差が生じている状態。例えば、フリーアクセスフロアや合板の目地部の高低差をいう。

誘発目地
ひび割れを意図した部分に誘発させる目的で、コンクリートに設けられる目地のこと。

伸縮目地
温度変化などによる膨張や収縮で、コンクリートが破損することを抑制するために弾力性をもたせた材料を入れた目地のこと。

[施工関係]

リバース施工
シート床材を幅継ぎする際に、方向を互い違いにして合わせる方法で、床材の色が違って見える場合に、同じ端部どうしをつないで色差を緩和させる方法をいう。

溶接棒
シートの継ぎ目に汚れや水分が入らないよう、シートどうしをつなぐもので、直径4mmほどの塩化ビニル樹脂製の棒状のもの。U字もしくはV字の溝切りを行った後、溶接機を用いて熱風溶接するため強度に優れる。

シーム液
シートの継ぎ目に汚れや水分が入らないよう、シートの断面に注入して、シートどうしを溶着するもので、塩化ビニル系溶剤形の液状のもの。

[接着剤関係]

アクリル樹脂系エマルション形接着剤
アクリル樹脂を主成分としたエマルション形のもの。溶媒の水が蒸発することで固化し、接着強度がでる接着剤である。床用接着剤の中では、比較的臭いが少ないという特徴をもっている。下地水分による接着力の低下が起こりやすいため、湿気のある下地への施工はできない。また、低温時には溶媒の水が凍結するため、接着剤の性能が損なわれ、十分な接着強度がでない。

ピールアップ形接着剤
アクリル樹脂系エマルション形の接着剤で、タイルカーペットやフリーアクセスフロア（OAフロア）床タイル用として再接着力があり、張り替えを容易にした接着剤。

エポキシ樹脂系接着剤
エポキシ樹脂を主成分とした主剤と、ポリアミン類を主成分とした硬化剤の二液反応形のもの。水系接着剤に比べて下地水分による接着力の低下が少なく、耐湿工法用接着剤として使用される。また、化学反応によって硬化するので、吸水性の少ない下地にも適用できる。

ウレタン樹脂系接着剤
ウレタン樹脂を主成分としたもの。ウレタン樹脂系接着剤には、二液型のものと、一液湿気硬化型のものがある。下地や空気中の湿気と反応して硬化し、接着強度がでる。硬化した皮膜が、エポキシ系の接着剤に比べて軟らかいという特徴がある。水系接着剤に比べて下地水分等による接着力の低下が少なく、耐湿工法用接着剤として使用される。また、化学反応によ

って硬化するので、吸水性の少ない下地にも適用できる。

酢酸ビニル樹脂系溶剤形接着剤

酢酸ビニル樹脂を主成分としたもの。溶剤（アルコール）系の接着剤なので引火等に注意し、施工時には、火気や換気等に注意が必要である。凍結することがないので、寒冷地での使用が可能である。酢酸ビニル樹脂は、本来は耐水性のある樹脂であるが、過剰な水分を含んだモルタル下地に使用すると、接着力が低下して剥がれや浮き等の不具合が発生する場合があるので注意が必要となる。

ビニル共重合樹脂系溶剤形接着剤

アクリル・酢酸ビニル共重合樹脂、エチレン・酢酸ビニル共重合樹脂を主成分とした溶剤形のもの。溶剤（アルコール）系の接着剤なので引火等に注意し、施工時には火気や換気等に注意が必要である。凍結することがないので、寒冷地での使用が可能である。ビニル共重合樹脂は、本来は耐水性のある樹脂であるが、過剰な水分を含んだモルタル下地に使用すると、接着力が低下して剥がれや浮き等の不具合が発生する場合があるので注意が必要となる。

ゴム系ラテックス形接着剤

天然ゴムまたは合成ゴムを主成分としたラテックス形のもの。俗に白糊（のり）とも呼ばれる主成分が合成ゴムラテックスからなる接着剤である。比較的安価であること、使い勝手が良いことなどから、コンポジションタイルや長尺ビニル床シートの一般工法（乾燥した吸水性のあるコンクリート下地）に用いられる。耐水性、耐アルカリ性に乏しいため、湿気のある下地には使用できない。

ゴム系溶剤形接着剤

天然ゴムまたは合成ゴムを主成分とした溶剤形のもの。溶剤（アルコール）系の接着剤なので引火等に注意し、施工時には火気や換気等に注意が必要である。凍結することがないので、寒冷地での使用が可能である。

変成シリコーン樹脂系接着剤

変成シリコーン（オルガノシロキサンをもつ有機ポリマー）樹脂を主成分としたもの。水分との化学反応によって硬化する湿気硬化形である。無溶剤形のものが一般的で、施工時の臭気が少ないという特長があるが、初期粘着力が比較的弱いため、塗布後にオープンタイムを十分とり、粘着力が発現してから張り付けを行うことが必要となる。

オープンタイム

接着剤を塗布し、実際に床材を張り始めるまでの時間。「待ち時間」ともいう。この時間が適切でないと、接着不良や浮き、剥がれなどの不具合が発生する場合がある。

張り付け可能時間

オープンタイム（待ち時間）をとった後、床材の接着に十分な接着強度を得ることができる施工可能な時間の範囲をいう。この張り付け可能時間を過ぎると、十分な接着効果が得られず、接着不良や浮き、剥がれなどの不具合が発生する場合がある。

くし目跡
接着剤の硬化後に床材が歩行や什器移動により、くし目の形状が床材表面
に出る現象。

くし目割れ
接着剤を塗布する際に用いたくし目ごてのくし目に沿って床材が割れる現
象。接着剤のオープンタイムをとり過ぎて、床材を張り付けるタイミング
が遅れた場合に生じることがある。薄手のコンポジションビニル床タイル
など、表面が平滑で厚みの薄いタイプが目立ちやすい。

[維持管理関係]
維持管理（メンテナンス）
床仕上材の維持管理には、美観維持や保全の視点から「目視」や「歩行確認」
などにより、床仕上材に不具合がないか定期的に確認することが重要であ
る。美観維持としては、フロアーメンテナンスがあり、保全としての維持
管理には、「国家機関の建築物及びその附帯施設の保全に関する基準」に示
す支障がない状態を確認する手順がある。近年、ビニル系床材の表面を紫
外線硬化樹脂などでコーティングし、汚れの付着や傷つきを低減させた製
品が市場に多く提供されている。維持管理の方法については、床材製造所
に問い合わせること。

フロアーメンテナンス
ビニル系床材の使用状況に応じた光沢・美観の向上、表面保護等の観点か
ら、フロアーポリッシュを塗布し、メンテナンス計画に基づいて床表面の
維持管理を行うことを指す。

フロアーメンテナンス材料
表面保護材料としては、フロアーポリッシュが一般的に使用されている。
汚れの除去方法として、表面洗剤による表面洗浄と、フロアーポリッシュ
そのものを除去する剥離洗剤を用いた剥離洗浄がある。

フロアーポリッシュ
表面保護と美観維持向上のために塗布されるもので、水性ワックスや樹脂
ワックス等に分類されるものがある。

日常の手入れ
出入口に除塵マットや防汚マット等を敷き、土砂の持込みや汚れの原因と
なるものの侵入を防止する。また、除塵クロスや掃除機などを使用し、ほ
こりや汚れを除去する。

表面洗浄
日常の手入れでは、除去しきれない汚れや塗布されたフロアーポリッシュ
に傷がつき始めたら、表面洗剤を用いて表面洗浄を行う。必要に応じて汚
れを除去した後、フロアーポリッシュを再塗布する。

剥離洗浄
日常の手入れで美観の維持が困難になったとき、フロアーポリッシュの再
塗布のため、剥離洗剤を用いて剥離洗浄を行うことで、古いフロアーポリ
ッシュ層を除去する。

樹脂ワックス
施工された床材に、アクリル樹脂などの合成樹脂が生成分のコーティング剤を塗布し、保護膜をつくる方法。樹脂ワックスは日常生活の活動により摩耗し効果が薄れてくるため、定期的に塗り直す必要がある。

維持管理・保全－目視
ビニル系床材などの床仕上材に、欠損、剥離、浮きなどが生じ、歩行等に支障がないかを目視により点検を行うこと。

維持管理・保全－歩行確認
ビニル系床材などの床仕上材に、摩耗等により滑りやすくなっていないか、歩行時等に著しいぐらつきがないか、床点検口に著しいぐらつきや開閉に不具合がないか点検を行うこと。

[汚染関係]

プロセスオイル
ゴムを成型加工するときに使用する石油系の油（鉱物油）。ゴムを軟化させ加工しやすくする目的で配合されるもので、パラフィン系、ナフテン系、芳香族系のものがある。塩化ビニル樹脂の加工に配合される可塑剤と同様の働きをする。

老化防止剤
ゴム製品の酸化による老化（劣化）を防止する目的で配合される添加剤。代表的なものとして、アミン系やフェノール系のものがある。

酸化染料
酸化染毛剤の主成分。染料の分子が小さく床材の内部に浸透しやすい。過酸化水素により酸化され発色する。

ポビドンヨード
ポリビニルピロリドンとヨウ素の複合体で、暗赤褐色の粉末。一般に、10％程度の水溶液として希釈され、消毒液として使用されている。

memo

memo

［索引］

［索 引］

[参考文献]

1）日本フロアーポリッシュ工業会技術委員会編『フロアーポリッシュと洗剤の正しい使い方 第5版』日本フロアーポリッシュ工業会、2019
2）『コンクリート床下地表層部の諸品質の測定方法、グレード』日本床施工技術研究議会、2014
3）国土交通省大臣官房官庁営繕部監修『建築工事監理指針 令和元年（上巻）』公共建築協会
4）国土交通省大臣官房官庁営繕部監修『建築工事監理指針 令和元年（下巻）』公共建築協会

インテリアフロア工業会・技術委員会

ビニル系床材不具合事例ハンドブック

2021年6月10日　　第1版第1刷発行

編　者　インテリアフロア工業会・
　　　　技術委員会 ©

発行者　石川泰章

発行所　株式会社 井上書院
　　　　東京都文京区湯島2-17-15　斎藤ビル
　　　　電話(03)5689-5481 FAX(03)5689-5483
　　　　https://www.inoueshoin.co.jp
　　　　振替00110-2-100535

印刷所　株式会社ディグ
製本所　誠製本株式会社
装　幀　川畑博昭

ISBN978-4-7530-0629-8 C3052　Printed in Japan